Antonio Mira de Amescua

El caballero
sin nombre

Edición de Vern Williamson

Barcelona **2024**
Linkgua-ediciones.com

Créditos

Título original: El caballero sin nombre.

© 2024, Red ediciones S.L.

e-mail: info@linkgua.com

Diseño de cubierta: Michel Mallard.

ISBN tapa dura: 978-84-9953-519-7.
ISBN rústica: 978-84-9816-079-6.
ISBN ebook: 978-84-9897-556-7.

Sumario

Brevísima presentación

La vida

Antonio Mira de Amescua (Guadix, Granada, c. 1574-1644). España.
De familia noble, estudió teología en Guadix y Granada, mezclando su sacerdocio con su dedicación a la literatura. Estuvo en Nápoles al servicio del conde de Lemos y luego vivió en Madrid, donde participó en justas poéticas y fiestas cortesanas.

Personajes

Don Gonzalo Altamirano
Don Sancho Altamirano, su hermano
Don Ramiro Altamirano, su padre
El Rey, don Alfonso VI
Don Diego Ordóñez de Lara
Ricote, Lacayo
Ricardo, viejo
Hazén Jarife Baabdalí, Rey de Mérida y Badajoz
Suleiman, infante moro
Fatimán, infante moro
Benzoraique, infante moro
Capitán de la guarda
Sando, cazador
Mendo, cazador
Un soldado, Orellana
Doña Blanca, Infanta
Una Mujer, viuda
Un Paje
Un Moro
Dos guardas

Jornada primera

(Salen don Gonzalo y don Sancho, riñendo sin echar mano.)

Sancho   ¿No soy tu hermano mayor,
villano?

Gonzalo   Ni soy villano,
don Sancho, ni soy menor
sino solo en ser tu hermano,
pues es mi razón mayor.
   Sola la honra es nuestra madre
y tú quieres que te cuadre
el ser caballero honrado.
El valor nos ha engendrado.
El valor es nuestro padre.
   Y así preferirme quiero
que cuanto el valor a ti;
pues, aunque eres caballero,
de la honra y valor nací
con ser el valor primero.
   Dos veces hemos nacido.
Dos madres nos han parido:
doña Elvira es la primera
y la honra es la postrera.
Ilustres las dos han sido.
   Mas, desengañarte quiero;
que si naciste en el mundo
fue, aunque noble y caballero,
de la segunda el segundo,
de la primera el primero.
   Y así trátame mejor,
don Sancho, que si menor
de la primer madre fui,

de la segunda nací
primero. Soy el mayor.

Sancho Rapaz, hablador sin rienda,
¿luego estoy por ser primero
sin honra, valor ni prenda?

Gonzalo No, pero fuiste el postrero
aunque primero en hacienda;
que no porque me ganaste
la mano en nacer llevaste
el valor con que me quedo,
que yo, Sancho, la honra heredo
si tú la hacienda heredaste.
Nuestro padre es noble y rico
y de su hacienda y valor
dos mayorazgos publico:
de la honra es el mayor,
y de la hacienda el más chico.
De éstos el uno heredas,
concediéndote que puedas
escoger por ser mayor.
Luego yo heredo el valor
pues con la hacienda te quedas.

Sancho Di, bachiller atrevido,
antes que tú, ¿no he salido?
¿No has de comer por mi mano?

Gonzalo Trátame como a tu hermano.

Sancho No lo eres, desconocido.

Gonzalo ¡Vive Dios, si me provocas!

¡Si hablas, don Sancho, en mi mengua!
Mas esas palabras locas
haré arrancando tu lengua...
¡Te abra esta espada mil bocas!

Sancho   Espera, hablador grosero.
Castigaráte mi acero.

Gonzalo   Si no te mata mi mano.

Sancho   No me tengo por tu hermano.

Gonzalo   Ni lo estimo ni lo quiero.

(Sale don Ramiro, padre de los dos.)

Ramiro   ¿Qué es esto? ¿Qué enojo vano
incita vuestro furor,
don Gonzalo, con tu hermano?
¿Contra tu hermano mayor?

Gonzalo   ¿He de sufrir que villano
me llame! ¡No! Que me fundo
aunque la hacienda perdí
por salir postrero al mundo,
que de tu valor nací
tan honrado aunque segundo.
Y no es justo que mi hermano,
que por cualquier ocasión,
[de su nacimiento ufano]
con razón y sin razón,
me llame infame y villano.

Sancho   ¿Qué te parece el humillo

11

del rapaz?

Gonzalo
        Trátame bien
—que ya no puedo sufrillo—
si no quieres que te den
hoy sepultura en Trujillo.

Ramiro
       Loco, ¿a tu hermano mayor...?
¿No basta que estoy yo aquí?

Gonzalo
Pues, porque yo sea menor,
¿soy de menos valor?

Ramiro
           Sí,
en todo sois inferior.
   Al mayorazgo, ¿no es llano
que cualquier menor hermano
tiene de estarle sujeto
y tratarle con respeto?

Gonzalo
¡No, padre, no! ¡Qué eso es vano!
   Lo que al hermano heredero
obedecer solo es
no porque nació primero
sino por el interés
de su hacienda y su dinero.
   Y como no estimo aqueso,
por más rico le confieso
no por más noble o mejor
porque estimo mi valor
más que el tesoro de Creso.
   La sangre que honra a mi hermano,
ésa propia me honra a mí.
El valor que gana, gano.

Tan noble como él nací.
Como él soy Altamirano.
  Como Altamirano [tiro]
al valor por quien suspiro;
que es lo que ennoblece a un hombre.
Altamirano es mi nombre
y, por aquesto, alto miro.
  Y así el valor me destierra
donde con hartas ventajas
le ganaré por la guerra
[contra los moros alhajas
si ya de aquí me destierra].

Ramiro   Vete, atrevido villano,
a la guerra. ¿Adónde vas,
pues, alto? ¡Qué altivo [y] vano!
¡Qué de tu altivez caerás
aunque eres Altamirano!
  En la guerra ese furor,
mezclándole con valor,
honroso te será allí
y no despreciando aquí
tu propio hermano mayor.
  Vete de mi casa, inquieto,
[vete a conquistar los moros]
pues no quiés vivir sujeto;
que el que hereda mis tesoros
ha de guardarme respeto.
  Don Sancho es de mi valor,
de mi hacienda el sucesor;
y, pues, me ha de suceder,
le tienes de obedecer
como a tu hermano mayor.
  O te vede la [encomienda],

o con debida humildad
pon en tu soberbia enmienda;
porque a quien dejo mi hacienda
le dejo mi libertad.

Gonzalo   Honra, padre, tu heredero;
que por no ver mi deshonra,
partirme a la guerra quiero
donde pienso ganar honra
por mi brazo y por mi acero.
    Que aunque dejes tu [riqueza]
a don Sancho que es cabeza
de tu linaje y estado,
yo voy muy bien heredado,
pues heredo tu nobleza.
    Ésta es hacienda estimada
y la que en mis armas pinto,
pues como tanto me agrada
me mejora en tercio y quinto
con darme solo esta espada.
    Que aunque es yerro en los combates,
cuanto tú, don Sancho, trates
de tu hacienda y tu regalo,
la volverá don Gonzalo
oro de dos mil quilates.
    Goza de tu hacienda y tierra
y adiós, riguroso padre,
cuyo enojo me destierra;
que, pues la honra es mi madre,
mi herencia ha de ser la guerra.

Ramiro   Hágate el cielo piadoso
en las armas venturoso,
en las hazañas un Sol,

en la lealtad español,
en las victorias famoso,
   y de suerte te aventaje
de la honra al dulce vuelo,
que el moro a tus pies abaje,
y con apellido nuevo
fundes un nuevo linaje;
   que si mi enojo importuno
te destierra, sabe Dios
que no es por odio ninguno,
pero riñendo los dos
tengo de perder el uno.

(Vase.)   Así, pues, ninguno os doma.
Éste por remedio toma
mi amor, Sancho, porque temo
que seréis Rómulo y Remo
aunque no es mi hacienda Roma.

Sancho   Pierda el amor a la tierra,
señor; que sus desvaríos
le darán seso si yerra;
que otros más soberbios bríos
sabe dominar la guerra.
   Allí le harán humillarse.

Ramiro   En Burgos han de juntarse
los que ricoshombres son
de Castilla y de León
donde parte a coronarse
   Alfonso el rey, sexto [agora],
por ser él el sucesor
de don Sancho, al que en Zamora
mató Vellido traidor,
y por quien Castilla [llora].

Tu hermano va allá, sin duda.
Bien es que cual padre acuda
a sus cosas, y así quiero
proveerle de dinero.
Ven, don Sancho, la ira muda
en fraterno amor.

Sancho   Tu gusto
es el mío.

Ramiro   Ya has tardado
en consolar mi disgusto.
Ricote, aquese criado
que se parta a Burgos gusto
  para que busque a tu hermano;
que, pues va a ser cortesano,
y a ver este riguroso,
quiero vaya como hijo
y al fin como Altamirano.
      ¿Qué te parece?

Sancho   Muy bien.
No le fea yo presente,
y cuanto tengo le den.

Ramiro   Ricote, pues, diligente
le buscará. Sancho, ven.

(Vanse y gritan dentro como que andan cazando doña Blanca, Sando y Mendo, cazadores.)

Sando   Ataja, Mendo, el jabalí cerdoso
primero que le esconda el bosque espeso.

| Mendo | La red ha roto y huye presuroso |
| | hacia ti, Sando. ¡Va, suelta el sabueso! |

| Blanca | Tira el venablo, Sando valeroso. |

Mendo	Espada tienes, rompe espalda y hueso;
	que si hacia mí su suerte le encamina,
	el pecho le abrirá mi jabalina.
	Hermosa doña Blanca, hacia ti parte.

| Blanca | Morirá si mi brazo no le yerra. |

| Sando | ¡Oh, bella esposa del famoso Marte, |
| | cosióle su venablo con la tierra. |

(Salen todos tres, doña Blanca con vaquero y daga en la cinta, y Sando y Mendo, cazadores.)

| Blanca | Pásale el corazón de parte a parte. |

Mendo	Deja estos cerros; parte a la sierra,
	casta Diana, Palas española,
	pues para el moro vil tú bastas sola.

Blanca	A mi padre Ricardo le presenta,
	pues por matarle yo, le daré gusto;
	que mientras su calor la siesta asienta,
	herida con la luz de Sol augusto,
	en esta sombra dormiré contenta
	al son de aquesta fuente.

Sando	Todo es justo
	cuanto pide tu boca soberana.
	Selva, guarda el sueño a vuestra Diana.

17

(Vanse los dos y queda doña Blanca.)

Blanca
        ¡Oh, santa soledad, esposa activa
del gusto, del descanso y del sosiego,
a ti las llaves de mi pecho entrego
porque [co]n libertad [en] tu corte viva!
        Hanme dicho que Amor tus gustos priva,
que acierta a ceñir las armas, aunque ciego,
que tira flechas de amoroso fuego,
y que a quien más resiste, más cautiva.
        Mientras tuviere ser, tú eres mi dueño.
Sirva al Amor quien ama en hora buena;
que no he de desobedecer a quien desdeño.
        Con libertad en esta selva amena
libre del fiero Amor gozaré el sueño;
porque el amante, aun cuando duerme, pena.

(Échase. Salen don Gonzalo, de camino, y Ricote, criado.)

Ricote
        Al fin, señor, he venido
en tu seguimiento al trote.

Gonzalo
        Agora, amigo Ricote,
tu lealtad he conocido.
        Como enojado dejé
a mi padre y a mi gente
y me partí de repente,
de llamarte me olvidé.
        Y aunque, cual ves, me partí
solo y desapercibido,
ninguna cosa he sentido
sino caminar sin ti.

Ricote	Vivas mil años, señor,
	por merced tan señalada;
	que a fe que no vales nada
	sin mis enredos y humor,
	y que me estimes el gusto,
	pues cuando estás estrecho,
	mis trazas te dan provecho
	y mis disparates gusto.
	Juntos nos hemos criado
	desde niños, y me empeño
	y te reconozco dueño,
	pues tu pan me ha sustentado.
	No ha de haber quien nos divida
	sino la muerte, señor,
	porque el verdadero amor
	es un juro de por vida.
	En fin, con abrazos ciegos
	tu regalo me encargó
	y al despedirme me dio
	una alforja de consejos:
	que delante la honra lleves,
	que acrecientes tu valor,
	y aunque gruña el acreedor
	que siempre seas el que debes.
	Y eso a mi cargo lo deja,
	que no ha de quedar ropero,
	mercader, sastre o platero
	que no tenga de ti queja.
Gonzalo	Ya en tus disparates das.
Ricote	Haré trampas de mil modos,
	y cuando debas a todos,
	serás el que deberás.

Díjome, al fin, que a tu tierra
no vuelvas más a sus ojos
si no lleno de despojos
y victorias de la guerra.

Gonzalo   No haré, Ricote; que aspiro
a la honra que me asalta.
Alta está la fama y alta
mi suerte y ventura miro;
    mas, dejando esto, ¿no hablaste
a mi doña Elvira al partirte?

Ricote   Aqueso quiero decirte:
de tal suerte la enojaste
    por no despedirte de ella,
que con notable rigor
de tu mal fundado amor
e inconstancia se querella.
    Díjome, que a no ser vano
tu amor, en esta ocasión
sufrieras la condición
por su causa de tu hermano.
    Mas, pues que así de su tierra
te has desterrado, también
al Argel de su desdén
doña Elvira te destierra,
    que sirvas al rey Alfonso
como valiente soldado,
porque su amor te ha cantado
como afinado un responso,
    y en fe de que ya tu trato
le enfada y busca otro amor,
para olvidarte mejor,
te vuelve a dar tu retrato.

Vesle aquí.

(Dale el retrato.)

Gonzalo   Amigo leal,
gusto en traerle me has dado;
que es bien que vaya el traslado
donde va el original.
    Como lo dejé en mi tierra,
aunque de vida incapaz,
sintió quedarse en la paz
partiéndome yo a la guerra.
    Y aun se debió de correr
cuando vio que me ausentaba,
y en el poder lo dejaba
de tan mudable mujer.
    Que me olvide y dé la mano
no es causa que me acobarde,
que lo que habré de hacer tarde
más vale hacerlo temprano.
    Venid, retrato sencillo,
libre del amor doblado
de una mujer; que aun pintado
no quiero estar en Trujillo;
    que si en las dulces marañas
del juvenil gusto y trato
fuisteis de mi amor retrato,
lo seréis de mis hazañas.

Ricote   Pues, ¿dónde hemos de parar?

Gonzalo   Ricote, en Burgos se apresta
el rey Alfonso gran fiesta
porque se va a coronar

en ella su real persona,
por sucesor de su hermano
que en el cerco zamorano
perdió la vida y corona.
    Allí, según la razón
se juntarán brevemente
los ricoshombres y gente
de Castilla y de León.
    Al fin, la corte encierra
como mapa el mundo largo
[y allí pienso buscar cargo]
con que partirme a la guerra.
    No por mi linaje y nombre,
que aunque él no merezca amor,
el propio esfuerzo y valor
es el que ennoblece a un hombre;
    y tengo esto por tan llano
que hasta hacer alguna hazaña
famosa, no sabrá España
que me llamo Altamirano;
    porque para que te asombre
lo que me ves intentar,
desde aquí me has de llamar
el Caballero Sin Nombre.

Ricote
    Mientras no falta el dinero,
no habrá, señor, que te iguale;
que lo que el dinero vale
eso vale un caballero;
    mas si la pobreza tosca
a tu faltriquera llama,
ni tendrá nombre ni fama
porque no hay nombre sin mosca.
    Haz tú como caballero

que no te falte el honor;
que yo haré trampas, señor,
como no falte el dinero.
   Pero, escúchate, que he visto
allí una persona echada.

Gonzalo   Espera.

Ricote   Tienta la espada.
             ¡Mujer es, por Jesucristo!

Gonzalo   ¡Qué hermoso rostro, Ricote!

Ricote   ¿No escuchan? ¡Qué remilgado
que lo dice! ¿Hate picado
del dios machín el virote?

Gonzalo   No sé.

Ricote   Vestida viene de caza,
y hame parecido bien;
que por casarte Cupido
te ha puesto aquesta añagaza.

Gonzalo   No hay quien su poder resista.
Venga y coja mis despojos.

Ricote   ¿Qué hiciera abiertos los ojos
pues que te vence sin vista?
   Pero quizá a estar despierta
no te hiciera suspender.

Gonzalo   ¿Por qué?

Ricote	Porque puede ser esta niña vieja o tuerta.

(Gritan dentro.)

Voz I	¡Guarda el oso que furioso le derriba al colmenar!
Voz II	¡Silvio, acógete al pinar!
Voz I	[¡Baja al valle!] ¡Guarda el oso!

(Sale el oso.)

Ricote	¿Oso hay por aquí? ¡Malo!
Gonzalo	¿Qué temes? ¿Qué hay que te asombre?
Ricote	¡Una bestia que no es hombre! ¿Quién no teme, don Gonzalo? Hele aquí, por Dios, no aguardes.
Gonzalo	Saca la espada, lebrel.

(Echa mano.)

Ricote	[...................... -el]. El huir no es de cobardes.

(Vase.)

Gonzalo	Huye, que yo basto y sobro para tan chica conquista; que tengo un Sol a la vista

con cuya luz valor cobro.

Adórola por mi dueño
y así quiero castigar
a quien pretende inquietar
su hermoso descanso y sueño.

Solo, tu sueño defiendo,
Dafne cazadora y casta,
que para mí solo basta
el verlo aunque esté durmiendo.

Durmiendo harás que se asombre
el oso más temeroso;
que mejor rendirá un oso
quien durmiendo rinde un hombre.

Ya la luz de tu belleza
le hace huír y retirar;
mas aunque huya, ha de quedar
a tus plantas su cabeza.

Tras él iré aunque sin mí;
aunque de parte es mi muerte
que temo que he de perderte
en partiéndome de aquí.

Mas en este breve rato
que de tu vista me alejo
despertaréis; que —¡ay!— os dejo
el alma en este retrato.

Él te dirá quién yo soy;
que pues el alma te he dado.
Yo solo seré el pintado
pues sin alma y vida voy.

(Vase y déjale el retrato en las faldas, y despierta doña Blanca.)

Blanca   Extrañamente he dormido
                y extraños sueños han sido

cuidados a mi cuidado,
desvelos a mi sentido.

   Soñaba que amor airado
por burlarme de su fuego,
salió verdad y el sosiego
durmiendo me había robado

   y que, con una pintura
sin dueño, en el corazón
tomaba la posesión
su llama y mi desventura.

   Despertóme el alboroto
tocando el alma a rebato;
mas —¡ay!— que éste es el retrato
que el pecho y alma me ha roto.

   ¿Cuyo, Amor rapaz, pequeño?
No diré en esta ocasión
que los sueños sueños son
porque este sueño no es sueño.

   ¡Qué hermoso talle! ¡Qué rostro!
¡Válgame Dios! ¿Quién dejó
para que muriese yo
en mi poder este rostro?

   ¿Pintóte acaso mi sueño,
agradable y dulce tabla?
¿Quién eres? ¿Dónde vas? Habla.
¿Cómo se llama tu dueño?

   ¿Dónde está el original
de quien eres el traslado?
Que quien aquí te ha dejado
contigo se hallaba mal,

   no sin causa, en un desierto.
¿Quién te trajo o te dejó?
Pero, ¿qué pregunto yo
si en un instante me has muerto?

Temo en mirarle. Recelo,
adoro, quiero, ¡ay de mí!
¿Quién fue el que te trujo aquí?
¿Llueve retratos el cielo?
    Pero si con testimonio
de que del cielo caíste,
belleza de ángel trujiste
pero fuego del demonio.
    Lástima, Amor, de mí ten.
Dime a quién amo siquiera;
pues soy la mujer primera
que amó sin saber a quién.

(Salen Ricardo, viejo, Mendo y Sando, cazadores.)

Ricardo   Del rey Alfonso es hermana.

Mendo   ¿Qué? ¿No es hija suya?

Ricardo   No.
Don Fernando la engendró
en una hermosa bretaña
    y el rey, su hermano, me escribe
que se la lleve a la corte.

Sando   No habrá quien su gusto acorte
si aquesas nuevas recibe.
    Oye; que despierta está.

Mendo   Y de suerte divertida
que no vio nuestra venida.

Ricardo   El corazón le dirá,
    para que el gusto reporte,

	que trocará ya de espacio,
	el verse allá en el palacio
	y la caza por la corte.
Sando	No sé qué en la mano mira;
	que con la vista elevada
	está, señor, transportada.

Ricardo	A esta parte te retira;
	que entre esta zarza escondido
	quiero ver qué novedad
	entristece su beldad
	y suspende su sentido.

Blanca	¿No estaba durmiendo yo
	libre del Amor ingrato?
	Pues, ¿quién, tirano retrato,
	en mis faldas te dejó?
	Mas por quitarme la vida
	viniste, esto es cosa cierta,
	y por temerme despierta
	me acometiste dormida.
	Mas aunque presa en tus lazos
	hoy mi libertad rendiste,
	pues a matarme viniste
	te tengo de hacer pedazos.
(Toma una piedra.)	Con aquesta muda piedra
	hoy a deshacerte acudo,
	castigaréte por mudo
	que quien no habla no medra.
	Pues que en tu vista me abraso,
	el fuego es bien que así apague,
	¡quien tal hace que tal pague!
(Quiere darle.)	Mas —¡ay!— que yo lo paso
	y ese mi enojo y rigor

y el brazo y piedra retiro;
que sacaré más si tiro:
tú la herida y yo el dolor.
　¡Has de pagarme tributo!
No es bien maltratarte así;
que si piedras siembro en ti,
de piedras cogeré el fruto.
　Ya el alma te ha retratado;
que eres Campaspe de Apeles.
Amor puso los pinceles,
el pecho la tabla ha dado.
　Pues que de paz te recibo,
haya paz; que es desconcierto
romper un retrato muerto
que ya está en el alma vivo.

(Métele en el pecho.)

Ricardo　　　　　　Mala caza es ésta, Mendo.
No es de Diana ese trato.
¡Doña Blanca con retrato
y extremos de loca haciendo!

Mendo　　　　　　Aquí, Sando, hay algún dolo,
ésta es la Dafne cruel;
mas por no verse laurel
querrá ser dama de Apolo.

Ricardo　　　　　　Ahora bien, decirla quiero
de su prosapia el valor
porque se resfríe su amor
a los principios primero
　que posesión venga a darle
en el alma a donde ha entrado;

porque el amor arriesgado
no hay fuerzas para arrancarle.
   Hija, de las sombras echada
entre las flores y yerba,
cuando la medrosa cierva
paciendo está descuidada,
   ¿de cuándo acá perezosa?
Blanca, ¿la caza te cansa
y a la sombra fresca y mansa
duermes segura y ociosa?
   Huye del sitio florido
pues tu ejercicio es mejor;
que debajo de la flor
está el áspid escondido.
   Mas si te hubiese picado
alguno, el pecho dormida,
cuya ponzoñosa herida
te hubiese así transformado,
   el pecho te he de mirar.
Enseña; que la experiencia
de ensalmos me ha dado ciencia
con que te pueda curar.

Blanca   Pues, ¿por descansar un rato
está la caza ofendida?

Ricardo   Sí, que ya he visto la herida,
doña Blanca, y el retrato.

(Sácale el retrato del pecho.)

   No en balde a dormir te trajo
a la sombra, campo y flor,
que es amigo de ocio Amor

y enemigo del trabajo.
    Un retrato te embaraza
el alma y la voluntad.
¿La caza no es castidad?
Di, ¿por qué dejas la caza?
    Mas, pues al Amor ingrato,
hija, tan rendida estás,
Venus en Chipre serás
y Adonis en el retrato.
    Deja esa vana afición
y si el amor te acongoja,
¡arroja el retrato, arroja!
Haz cuenta que es Acteón
    y que castigas los yerros
de su amor loco y protervo;
porque convertido en ciervo
le despedacen tus perros.
    ¿Qué es de su original
de aquese retrato? Dí.

Blanca
    No temas, señor, que aquí
después que un sueño mortal
    me tuvo afligida un rato,
lo hallé en mi regazo solo.
No juzguéis que en mí haya dolo,
ni que el dueño del retrato
    le conozco ni he deshecho
la deshonra que tú me has dado.

Ricardo
Retrato tan bien guardado
que le escondas en el pecho,
    [................ -ego].
¡No, Blanca, no puede ser!
¿Cómo no te ha de encender

si traes en el pecho fuego?
    Si en él tu fe no idolatra,
arrójale en testimonio
de aunque él sea Marco Antonio,
tú no quieras ser Cleopatra.

    En la bella Ingalaterra,
la Gran Bretaña primero
cuyas antiguas hazañas
viven a pesar del tiempo,
tuvo tu abuelo infelice
patria, honra, hacienda, esfuerzo;
mas faltóle la ventura
sin la cual es todo viento.
Su antigua estirpe y linaje
fue del ilustre Roberto,
capitán del [rey] Artús,
rey de Bretaña supremo.
El gran Jacobo de Escocia
dio a Mengarda en casamiento,
hermana suya tan bella
que fue Adonis y Venus.
Rico, pues, tu abuelo ilustre
con tal esposa y contento
gozaba su alegre estado
a quien duró poco tiempo.
Fue, pues, el caso que el rey
de Ingalaterra, Guillermo,
se enamoró de Mengarda,
y buscando a su amor medios,
servíala, ya con promesas,
ya con presentes, con ruegos,
con amenazas, con cartas,
con mensajes, con terceros;

mas saliendo todo en vano
y arreciando más el fuego,
hizo fácil su imposible
que no hay imposible a un cetro.
Fue así que envió a llamar,
a media noche, fingiendo
que para grandes negocios
le importaba su consejo.
Vino descuidado y solo.
Metióle en el aposento
donde a la reina su esposa
dejó segura, durmiendo.
Estaba oscura la sala
por orden del rey, diciendo
que importaba que guardase
sin luz aquel aposento.
[Quedó] ignorando que allí
la reina durmiese, y cierto
que el rey allí le dejaba
para algún caso de peso.
Oyó a deshora que el rey,
con alboroto y estruendo:
«Matad al traidor —decía—,
que mancha mi honor y cetro.»
Aquel adúltero cruel
cuyo hollar, con paso presto,
a la luz, voces y grita
salió desnudo el acero.
Y apenas los de la guarda
de aquesta suerte le vieron
cuando...

Blanca   ¿Matáronle?

Ricardo   Al punto.

Quedó allí pedazos hecho.
Prendió a la reina inocente
el rey.

Blanca   ¡Lastimoso exceso!

Ricardo   Y sin admitir descargos,
lágrimas, conjuros, ruegos,
él mismo le dio garrote
siendo cordel el cabello.
De tan grande desventura
murió al fin.

Blanca   ¡Tirano fiero!

Ricardo   Este golpe de Fortuna,
aunque de tropel vinieron,
no pudieron derribar
de Mengarda el casto pecho.
Viendo que del rey lascivo
los infames pensamientos
tiraban a su deshonra,
menospreció el casamiento
que Guillermo le ofrecía
con la corona y el cetro.
Huyendo se vino a España
cual la viuda de Siqueo.
Vino tu abuela preñada
de tu madre y parió luego
que a España llegó un retrato
de un ángel hermoso y bello.
Dióle por nombre Garciunda
después que el bautismo excelso
le dio la gracia excelente

del primero sacramento.
Fuése a los pies de Bermudo,
el rey de León, pequeño
en estado aunque en valor
tan grande que llegó al cielo.
Contóle su historia triste
y sus trabajos sintiendo,
le hizo merced de estos valles
y señora de estos cerros.
Quedó tu madre Garciunda
en mi tutela y gobierno,
y criéla aunque serrano,
doña Blanca, como viejo.
Su ejercicio era la caza
diversas veces midiendo
los montes que el Betis ciñe
con las flechas de los ciervos.
Encontróla el rey perdida,
que habiendo un venado muerto,
las perlas de su sudor
depositaba en un lienzo.
Dióle cuenta de su amor
con los ojos lenguas hechos,
que son las puertas del alma
y plumas del pensamiento.
Supe que era el rey y supo
lo que era amor, pero luego
que su gentileza vio,
su libertad rindió al cuello.
Los robles fueron testigos
de sus amorosos yerros;
aunque yerros por amores,
y con un rey pesan menos.
Dióme aparte larga cuenta

de su amoroso suceso,
y encargóme su regalo
mil mercedes prometiendo.
Fuése. Al fin llegó del parto
el tanto temido tiempo,
y cuando saliste al mundo,
salió de él tu madre al cielo.
Murió de parto y dejóme
de llanto y tristeza lleno
el cargo de tu crianza,
y de tu hacienda el gobierno.
Avisé al rey de su muerte,
al cual hallé tan enfermo
que ya en el último trance
daba a sus hijos sus reinos.
[A] Alfonso, rey de Aragón,
apartándole en secreto,
tu crianza le encargó
debajo de juramento;
mas no pudo el rey Alfonso
cumplir con su mandamiento
por estorbarlo don Sancho,
rey de Castilla soberbio.
Sucedió, pues, que a don Sancho
en el zamorano cerco
dio muerte Vellido Dolfos,
y no habiendo otro heredero
volvióse Alfonso a Castilla.
Y agora en Burgos ha hecho
que se junten cortes reales
de todo su estado y reino.
Acordóse que su padre
le encomendó que tu aumento
y tu honra procurase,

y enviándome este pliego
me manda llevarte a Burgos
a donde sus caballeros
y grandes se juntan todos
y querrá con uno de ellos,
el más famoso, casarte;
éste es, Blanca, tu suceso.
Por madre vienes de reyes,
tu padre fue rey supremo,
mira pues si es justa cosa
que el valor que heredas de ellos
te le manche ese retrato.
Levanta los pensamientos
hasta Burgos, doña Blanca,
que allí te guardan los cielos
un esposo cuyos ojos
hagan tu renombre eterno.

Blanca   Extraña historia me tenías guardada,
Ricardo amigo, a quien por padre tuve,
y extrañamente me has dejado alegre
aunque en parte me has dejado triste,
con la tragedia que Fortuna hizo
con mis abuelos y de mi muerta madre.
¿Al fin que soy del magno Fernando hija?

Ricardo   Y del famoso Alfonso eres hermana.

Blanca (Aparte.)   (Adiós, árboles, selvas, bosques, ríos,
arroyos, prados, cerros, valles, montes;
adiós, caza querida, que me fuerzan
a que vuestra quietud y gusto trueque
por el desasosiego de la corte;
adiós, retrato, que si aquí te dejo

es por cumplir con tus perseguidores,
y porque llevo el vivo acá en el alma.
Del alta rama de este roble duro
quiero colgarte no por la dureza
que en mí has hallado, pues de cera he sido,
sino para que quedes por trofeo
de mi primero amor y porque digas
a su original y luz si la tienes
que a Burgos parte quien con él se queda.)

Ricardo   ¿Qué haces, doña Blanca?

Blanca   Doy, Ricardo,
satisfacción a tus paternas quejas,
y a mi extendida libertad venganza,
y a esta imagen ejemplar castigo.

Ricardo   Eres
Fénix en discreción como en belleza.
Vamos, y prevendremos el camino
para Burgos que si serrana has sido
ya de hoy más serás hija cortesana.

Blanca (Aparte.)   Vamos. (¡Ay, bella imagen de mi vida,
siendo tu dueño el rey de mi esperanza,
en la corte de Amor me verá alegre,
y aquesta soledad mi corte fuera
si a tu vista pagara mi alma parte
porque a donde está el rey está la corte.)

(Vanse y sale con Gonzalo con la cabeza del oso.)

Gonzalo   Aunque corté la cabeza
de este animal atrevido,

una hora ha que ando perdido
por esta inculta maleza.
Salud de aquella belleza,
corte de mi pensamiento,
era el Sol de mi contento
que durmiendo me alumbró.
¿qué mucho si el Sol faltó
que como ciego ando a tiento?

   Pero, ¿cúya es esta sombra?
¿No sirvió a mi bien de cama?
Su pabellón fue esta rama
y esta yerba fue su alfombra.
Pues quien mi esperanza asombra
¿adónde fue? ¿Quién me ha hurtado
el tesoro que había hallado?
¿Durmiendo no quedó aquí?
Mas yo he sido el que dormí
y el tesoro fue el soñado.

   Árboles, que de mi esperanza,
mi bien durmiendo quedó.
¿Dónde está quién os le hurtó?
¿Qué es de vuestra confianza?
Partióse; mas la venganza...
¡Qué os despedaza y despoja!
Con justa razón se enoja;
pues bien pudiérades ser
Argos hoy de una mujer
poniendo un ojo [en] cada hoja.

   Pues la perdisteis de vista,
a desnudaros acudo,

(Derriba con la espada las ramas.)

que quien me dejó desnudo

39

no es bien que de hojas se vista.
No hay roble que me resista
cuando de vengarme trato;
pero —icielos!— ¿Mi retrato
no es éste? ¿Quién le colgó
de este roble? ¿En qué pecó
para darle tan mal trato?

   Venid acá, mi traslado,
¿por qué delito o malicia
os ahorca la justicia?
¿En qué hurto os han hallado?
Pero de haberos dejado
aquí, juzgó el juez ingrato,
sin duda por desacato,
pues a tal rigor le obliga
quien la estatua me castiga
ahorcándome el retrato.

   Harto caro os ha costado
mi amorosa pretensión;
pues estáis como Absalón
de los cabellos colgado.
Nació para el desdichado
la horca, dice el refrán.
Como a tal, colgado os han.
Privar como Amán quisisteis,
la ambición de Abnor tuvisteis,
y el castigo como Amán.

(Descuelga el retrato y guárdalo en el pecho. Sale Ricote con la espada desnuda, dando voces.)

Ricote   ¡Muera el oso, aparte, muera!
                   ¡Afuera, que estoy furioso!

Gonzalo	¡Borracho! ¿Qué fiera u oso?
Ricote	El que te acometió era. [Yo quiero matarle agora]. ¡Muera! Y vámonos, que es tarde.
Gonzalo	Pues, baste huyendo, cobarde. Yo, ha que le maté una hora. ¿Y agora sales con eso?
Ricote	¿Murió ya?
Gonzalo	Ya le maté.
Ricote	La cólera me dejé en Trujillo.
Gonzalo	Y aun el seso.
Ricote	Por esa ocasión huí hasta volverla a cobrar. Cobréla y vengo a matar agora el oso. Mas, dí, ¿qué es de la ninfa dormida?
Gonzalo	¡Ay, Ricote amigo, huyó!
Ricote	¿Y no sabes dónde?
Gonzalo	No, aunque la sig[o. Descuida].
Ricote	Este monte está encantado. Vamos a Burgos, señor.

Id a ver. Deja el amor;
que eres en él desdichado.
    Las armas dan calidad;
mas el amor honra poco.
¡Alto, a la guerra!

Gonzalo   Eres loco,
y así dices la verdad.
    Vamos, que astuto te llamo,
pues del amoroso golfo
me sacas cual otro Astolfo;
mas, ¿cómo saldré si amo
    sin poder saber quién es?
¿Quién durmiendo me ha vencido?

Ricote   En aqueste monte ha sido
el conde Martín Velés.

Fin de la primera jornada

Jornada segunda

(Salen el Rey don Alfonso y don Diego Ordóñez.)

Diego   Desterraste al Cid, señor,
                y todos por varios modos,
                maldiciendo tu furor,
                se van con él.

Rey   ¡Vayan todos!
                Que solo quedo mejor.
                   Dejadlos; que su arrogancia
                y mi enojo les destierra,
                que no será de importancia.
                Haciendo a los moros guerra
                hallan en ella ganancia.
                   Allí pueden dar señal
                de su inquieto natural
                con belicosos efetos;
                que entre vasallos inquietos
                peligra el respeto real,
                   y cuando nadie quedara
                sino vos, bastante es
                don Diego Ordóñez de Lara
                para un rey.

Diego   Beso tus pies.

Rey   Vuestra nobleza es bien clara.

(Sale don Gonzalo acuchillándose con el Capitán de la guarda y otros.)

Gonzalo   No hacéis, cobardes, si es cierto
                que vengando vuestra mengua

tenéis manos como lengua.

Capitán   ¡Válgame Dios, que me ha muerto!

(Cae muerto a los pies del Rey.)

Gonzalo   Vos érades el valiente.
                 Sí, mas solo en la apariencia.

Rey   ¿Espada en mi presencia?
                 ¡Aquí de mi guarda, gente!
                   ¡El capitán de la guarda
                 muerto delante de mí!
                 ¡Ah, de mi guarda, acudí!
                 ¿Qué temor os acobarda?
                   ¡Prended aquese traidor!

Guarda I   Rinde las armas.

Gonzalo   ¿A quién?

Guarda II   A nosotros.

Gonzalo   ¡Harto bien!
                 Llegad si os deja el temor.
                   Solo reconoce al rey
                 el filo de esta cuchilla;
                 que es quien mi servicio humilla
                 como la coyunda el buey.
                   A solo el rey la he de dar;
                 quitaos viles lisonjeros;
                 que quien arma caballeros
                 bien los puede desarmar.
                   A esos reales pies la arrojo.

Castiga mi honrada furia
si el dar venganza a mi injuria
te causa, señor, enojo.

Rey   ¿Quién eres?

Gonzalo   No más de un hombre
que, saliendo de su tierra,
vino a servir a la guerra.

Rey   ¿Cuál es tu nombre?

Gonzalo   El Sin Nombre.

Rey   ¿Y el nombre propio?

Gonzalo   No intento
decirlo, con tu licencia,
que si quiere tu inclemencia
castigar mi atrevimiento,
   y porque maté ese hombre
manda hacerme algún ultraje,
por no afrentar mi linaje
no quiero decir mi nombre.

Rey   ¿Por qué, siendo prohibido,
a aqueste lugar entraste
y a mi capitán mataste
aquí?

Gonzalo   Por descomedido.
   Quiso intentar mi deshonra,
pero nadie la intentó
sin pagar como él pagó;

que aunque sin nombre, tengo honra.

Rey   ¿En qué te quiso agraviar?

Gonzalo   En que pidiendo licencia
para entrar en tu presencia
y tus reales pies besar
  no solo me la negó
sino que viendo la instancia
que tuve, con arrogancia
la mano para mí alzó.
  Darme intentó un bofetón
mas di al intento importuno
tal pago que fue todo uno
el morir y su intención.

Rey   Y tú también morirás
y tu loco atrevimiento
será en mi corte escarmiento
con que teman los demás.
  Lastímome de tu suerte
que te he cobrado afición,
pero no hallo razón
con que librarte de muerte.
  No en vano fue establecida
la ley, pues es caso llano
que al que en palacio echa mano
pierda por ella la vida.
  Y no solo mano echaste
sino en presencia del rey,
menospreciando la ley,
a su capitán mataste.
  Y agrava más el delito
el ser hecho en ocasión

que de mi coronación
se alegra aqueste distrito;
   que temo, y con fundamento,
pues que con sangre has manchado
la corona que me han dado,
mi fin ha de ser sangriento.
   Con todo aqueso, no sé
lo que miro en tu persona
que me vence y aficiona.
Lástima te tengo a fe.
   Librarte el alma codicia
pero siéntome acusar
que cuando empiezo a reinar
no empiezo a guardar justicia.
   Darte castigo es mejor;
muere, amigo, y ten paciencia,
que a veces es la clemencia
más dañosa que el rigor.
   Pero por no aguar la fiesta
no quiero que mueras hoy.
Prendedle.

Gonzalo   La vida doy
por la honra que me cuesta.

Rey   Llevad a aquese difunto
cuya funesta memoria
el descontento y la gloria
del reinar ha puesto junto.

(Llevan el cuerpo del difunto y sale un Paje y luego un Moro.)

Paje   Un moro quiere, gran señor, hablarte
de parte de Jarife, rey de Mérida.

Rey	Déjale entrar.

Moro

        Alá guarde tu vida,
aquésta me mandó dar en tu mano
el rey de Badajoz, Baabdalí.

Rey

                Muestra.

(Sale Ricote.)

Ricote (Aparte.)

(Entre la trulla que conduce el moro
yo vengo; que me han dicho que mi dueño
está en palacio condenado a muerte.
De él pienso he de sacar alguna traza
con que librarle de esta desventura.)

Rey

Mirad, don Diego, lo que el rey me escribe.

(Lee.)

Diego

    «Hazén Jarife Baabdalí, rey de Mérida y Badajoz, a Alfonso, de este nombre rey de Castilla y de León: Sabed, pues, famoso rey, después de darte el parabién de los reinos que tan justamente heredas y mereces, y ofrecerme con perpetuas paces por tu amigo, te suplico no permitas dar amparo en tus reinos al Infante Suleimán, mi hijo; que queriéndole imposibilitar de la sucesión de mis estados, por ser el menor de tres que tengo, me ha intentado dar la muerte con una conjuración, que Alá ha descubierto, y con haber castigado los cómplices, sino es en él, que es la cabeza por haberse ido, a lo que me dicen, a favorecerse de ti. Entrégamele preso y pagaréte tributo cada año y si no, desde aquí te publico la guerra y prometo de ir antes

de un mes a cercar a Trujillo, que parte raya con mis
reinos. Creo no despreciarás el tenerme por tributario.
Alá guarde tu vida. De Badajoz a de junio del año [...]
según cuenta de los alarbes de y según la vuestra de
los cristianos de [....].

Hazén Jarife Baabdalí»

Rey

Dile a tu rey que estimo como es justo
la amistad y tributo que me ofrece,
que siento como propios sus trabajos,
y que si viene Suleimán, su hijo
a ampararse de mí, haré que mire
lo que a su padre y [su] señor [se] debe,
negándole el socorro, gente y armas
que teme le han de despojar el reino;
mas que prenderle y entregarle luego
a su rigor y cólera no es justo
lo haga un rey en cuyo amparo pone
un príncipe su vida. Que yo espero
sosegarle de suerte que le pida
el debido perdón de su delito,
y que pienso en la guerra que amenaza
vencer escuadras y banderas moras.
Aquesto le dirás por mi respuesta.

Moro

Harélo así. Mahoma sea en tu guarda.

Ricote (Aparte.)

(Este moro ha de ser motivo y causa
de que mi industria libre a don Gonzalo.)

(Sale Ricardo, de camino.)

Ricardo

Da los pies, gran señor, a tu criado,
ayo de doña Blanca, hermana tuya,

que como mandas vine yo a servirte
y a traerte la infanta que entre peñas
me tuvo por su padre tiempos muchos.

Rey   ¡Oh, mi Ricardo, alzad pues! Y mi hermana,
¿dónde queda?

Ricardo   Media legua sola,
que quisiera volar con sus deseos
a darte el parabién del nuevo reino.

Rey   Alto, pues, castellanos y leoneses.
Salid a recibir a doña Blanca;
salidla a recibir; que desde el muro
de mi alcázar veré su hermosa entrada,
y tendré por agüero felicísimo
su venida si estaba temorosa
por ver a mis pies muerto el de mi guarda.

Diego   Vamos.

Ricardo   Vamos [todos, que ella nos aguarda].

(Vanse todos menos Ricote.)

Ricote   Bravas quimeras tengo imaginadas
despúes que aqueste moro a Burgos vino.
Yo libraré a mi amo de la cárcel.
Váyase el moro agora, que me importa.
A consolar quiero ir a don Gonzalo;
que tendrá ya tragada la escalera;
mas yo le libraré. Que yo sé el modo;
que soy Ulises griego y no Ricote.

(Vase. Sale don Gonzalo, preso.)

Gonzalo

¿Qué importa que la bala disparada
sobrepuje a las nubes con su vuelo
si, al caer[se] con más golpe en el suelo,
la he de postrar su indignación pesada?

    ¿Qué importa que la nave ya engolfada
en la borrasca con mortal recelo
amaine, arroje al mar y pida al cielo,
si al fin está a las olas condenada?

    ¿Qué importa, pues, que mi ánimo engañado
me prometa el valor en que me fundo,
si al fin me ha puesto en este triste estado?

    ¿Qué importa que por honra salga al mundo
si todo le persigue al desdichado
y yo soy en desdichas sin segundo?

(Sale Ricote.)

Ricote

¡Muy buen lance hemos [dado]
en salir de nuestra tierra!
¡Bien podemos por la guerra
fundar linaje y estado!

    Aquí estás, gracias a Cristo.
En esto había de parar.
Tus colores y el lugar
donde has de morir he visto.

    En medio la plaza llana
te tienen la horca puesta,
y el rey solo por su fiesta
te da vida hasta mañana.

    ¡Muy bien te ha honrado Castilla!
¡Muy bien has vencido al moro!
Ya, señor, tu muerte lloro.

¿No escuchas la campanilla?
   Pues, no es aquella voz vana
que dice, porque te asombre:
«Den, por Dios, para un hombre
que han de ajusticiar mañana.»
   ¿Qué hemos de hacer, don Gonzalo?

Gonzalo

Sufrir la muerte. No llores.

Ricote

Sin bubas tendrás sudores.
Mañana tomas el palo.
   Estabas de seso falto
cuando mataste aquel hombre.
¿Altamirano es tu nombre?
Mañana te pondrán alto.

Gonzalo

   No en vano, Ricote amigo,
cual ves, mi nombre encubrí,
pues, muerto, mi nombre aquí
no tendrá ningún testigo.
   Ni podrá el tiempo tirano,
ya que con muerte me infama,
afrentar jamás la fama
ni el nombre de Altamirano.
   Solo afrenta el hado un hombre
que gusta de padecer
esta muerte por tener
por nombre el que está Sin Nombre.
   Venga el verdugo y cuchillo
que en defensa de un agravio
doy mi enojo por muy sabio.
Vete, Ricote, a Trujillo,
   y di que aunque de mi tierra
saliste para buscarme

que ha sido imposible hallarme
que me habré muerto en la guerra.
    Mas, pues que te has de ir intento,
porque en algo me despenes,
heredes mis pocos bienes;
breve será el testamento.
    Esta cadena te doy
y en cada eslabón quisiera
que un Sol engastado fuera.
Desterrado y preso estoy.
    Mal con prisiones y pena
te pago, yo lo confieso;
mas, ¿qué puede dar un preso
sino grillo y cadena?
    No ha querido el cielo ingrato
darme más que darte pueda.
Solo el retrato me queda.
Toma también mi retrato
    porque persuadido estoy
de que el verle en mi poder
señal que le pueda ser
jamás de saber quién soy.
    Toma, que en él hallarás
de desdichas un abismo;
que pues me doy a mí mismo
no tengo que darte más.
    Mas, déjale, que aun pintado
debo ser al mundo odioso
y nunca serás dichoso
si vas con un desdichado.
    Sácale fuera de aquí
y rásgale, que me fundo
en que no quede en el mundo
memoria alguna de mí.

Dame un abrazo y adiós.

Ricote   ¿Adiós dices de esa suerte?
¿Luego ha de poder la muerte
dividirnos a los dos?
    No tiene vida Ricote
pues la vida te dará,
¡vive Dios!, o perderá
la lengua por el cogote.
    Guarda allá tus eslabones,
que aunque tu largueza alabo,
sin cadena soy tu esclavo,
mi amor sirve de prisiones.
    ¿Yo dejarte por Trujillo?
¿Eso habías de pensar?
Piensa que te he de librar
y toma tu cabestrillo;
    que a la lealtad que te muestro
tiene el oro por [nuestra],
que de mí doy grande muestra
pues desprecio este cabestro,
    que solo aqueste traslado
por verte siempre recibo,
pues basta estar preso vivo
sin que estés preso pintado,
    y esa cara macilenta,
sin miedo, al cielo levanta.

Gonzalo   La muerte no es quien me espanta.

Ricote   Pues, ¿quién te espanta?

Gonzalo   La afrenta.

Ricote
Pues, ésa no te alborote;
que con la vida te [brindo].

Gonzalo
¿Qué? ¿Has de librarme?

Ricote
¡Qué lindo!
Mal conoces a Ricote.

(Vanse. Salen el Rey don Alfonso y doña Blanca, de camino, don Diego, Ricardo y otros.)

Rey
Dos fiestas hacen cumplidas
el reino en esta ocasión;
que son, hermana querida,
mi alegre coronación
y vuestra alegre venida.
    Y con ser aquesto así,
no sé, doña Blanca, aquí
cuál es mayor de los dos;
del veros venir a vos
o el ver coronarme a mí.
    Pero mayor gusto siento
en vuestra vista, pues ella
hace cierto el pensamiento
que sois, doña Blanca bella,
el blanco de mi contento.

Blanca
Llenan la vista y caudal
de su valor liberal
los reyes como tu alteza
el día que en su cabeza
ponen corona real.
    Hoy quisiste coronarte
y así no es mucho que heredes

la largueza que ha de honrarte
y que en día de mercedes
me quepa tan grande parte.
  El de la mano horadada
te llaman porque rasgada
de hacer mercedes quedó,
pero en ser tu hermana yo
quedó la mejor librada.
  Esto me sobra, señor,
no quieras con mano franca
hacerme tanto favor,
que soy Blanca y una blanca
es de pequeño valor.

Rey   Sois hija del rey Fernando
mi padre y señor, y cuando
más de aquesto no os sublime,
es razón de que os estime
quien os estaba esperando.
  Fuera que vuestra persona
por mí mismo, en confianza,
y de tal suerte os abona,
que valéis aunque sois Blanca
más que toda mi corona.
  Mi padre, cuando murió,
vuestra honra me encargó,
y así casándoos colijo
dar muestras que buen hijo
[de nuestro padre soy yo.]
  Id, hermana, a descansar;
que pues dentro en mi palacio
os [he] hecho aposentar;
vuestros negocios de espacio
podremos comunicar.

Blanca	Beso tus pies.

(Vase.)

Diego (Aparte.)	(¡Quién bastara a contentar mi ventura si su nombre sangre honr[ara], gozando aquesta hermosura, don Diego Ordóñez de Lara!)
Rey	Pues, don Diego, ¿qué os parece de mi hermana?
Diego	Que merece —¡Qué sublime!— vuestra alteza la discreción y belleza que en su valor resplandece. Hoy la octava maravilla en doña Blanca se encierra.
Rey	Aunque veis que así se humilla sangre real de Inglaterra junto con la de Castilla, por parte de madre es mujer del reino inglés.
Diego	Cuando nada de eso fuera, por ser tu hermana pudiera ser de inmortal interés. Y cuando eso no bastara, tú ni tu ilustre ventura, está cierto que [acertara] solamente su hermosura

57

a que el mundo la adorara.

Rey   ¡Extraño encarecimiento!
¿Queréisla bien?

Diego   A pensar
que no fuera atrevimiento
el poner en tal lugar
mi atrevido pensamiento,
   no sé si Amor y su asalto
viéndome de esfuerzo falto
me sujetara a su ley,
pero es hermana del rey
y no oso subir tan alto.

Rey   Pues, don Diego, de mi mano
os quiero honrar. Doña Blanca
es vuestra.

Diego   Por lo que gano
hoy de aquesa mano franca,
te quiero besar la mano.

Rey   Mi cuñado habéis de ser;
que vuestro mucho valor
no se puede engrandecer
menos que con tal favor
y con tan noble mujer.

Diego   Beso tus pies.

Rey   Será igual
este casamiento honroso,
pues hoy da mi mano real

a mi hermana noble esposo
y a vos mujer principal.

(Sale una Mujer, cubierta de luto. Híncase de rodillas a los pies del Rey.)

Mujer   A tus pies, rey poderoso,
como al más seguro puerto
me acojo, porque es forzoso
te acuerdes de que fue muerto
a estos propios pies mi esposo.
   Tu capitán perdió aquí
la vida, y yo el bien perdí
a tus pies, y el atrevido
aquí a tus pies han tenido
a mí y a tu corte así.
   Cortó el hilo mi esperanza,
y en uno cortó dos cuellos.
Justicia a tus pies se alcanza
y no me quitaré de ellos
hasta que me des venganza.

Rey   ¿Qué es lo que me pides pues?

Mujer   Que la muerte, señor, des
a quien mi esposo mató
o muriendo con él yo
será el sepulcro tus pies.

Rey   Si por tu ruego importuno,
a tu esposo diera Dios
la vida, fuera oportuno
matarle. No mueran dos.
Basta que ya es muerto el uno.
   Perdónale y de mi mano

un esposo cortesano
te daré con quien olvides
la memoria del que pides
venganza, mujer.

Mujer   Es en vano.

Rey   ¿No le quieres perdonar?

Mujer   Mi lealtad es de tal ley
que no es para sobornar.
O haz justicia o no seas rey
pues no mereces reinar.
    Tú quieres que el vulgo note
tu piadosa remisión
y por puntos se alborote.

Rey   ¡Hola, dadle en la prisión
al homicida un garrote!

Mujer   ¡Vivas mil años.

(Vase.)

Rey   La guerra
más peligrosa que encierra
en sus naciones el orbe,
el mar que las naves sorbe,
los temblores de la tierra,
    de un rayo la furia airada,
el basilisco que mira
o la víbora pisada
no se iguala con la ira
de una mujer agraviada.

(Sale Ricote, lacayo.)

Ricote
    ¿Helo de decir afuera?
Basta ya el disimular;
que no es bien que por callar
así el hijo de un rey muera.
    Mahoma, rey, sea contigo.

Diego
    ¿Qué loco es éste?

Ricote
    ¿Yo, loco?
Váyase muy poco a poco
que yo sé lo que me digo.
    Yo soy moro de nación.
Por tal desde hoy, rey, me ten,
y aquel mancebo también
que tienes en la prisión.
    Basta decir, que del rey
su padre huyéndose vino
por no sé qué desatino
que quiso hacer en su ley.
    Se fingió y mudando el traje
de moro, quiso, señor,
valerse de tu favor
y teniendo por ultraje
    que tu capitán quisiese
impedirle así el entrar
a hablarte y negociar
antes que el moro viniese,
    [el] que su padre envió,
tan colérico le vi,
que sin advertir que aquí
estabas, muerte le dio.

Pues, temiendo el furor
de tu cólera y creyendo
que ser tu ley mansa viendo
que le entregáis al rigor
   de su padre, que es un hombre
notablemente cruel,
por librarse, señor, de él
te negó su patria y nombre.
   Y que ampararse de ti
y servirte pretendió;
él es Suleimán y yo
su moro Zaquizamí.
   No pretendas que le maten.

Rey	Suspenso oyéndote estoy;
	casi crédito te doy.
	¡Hola, su muerte dilaten
	hasta que se sepa cierto
	lo que aquéste me ha contado.
	Muestras das de fiel criado
	por si el príncipe no es muerto.
	Mucho estimo tu lealtad.
	Para moro mucho vales.

Ricote	Somos los moros leales.
(Aparte.)	(¡Mamóla su majestad!)

Rey	Será Suleimán mi amigo.
	Del rey su padre el furor
	di que no le dé temor.

(Vanse.)

Ricote	¡Mahoma vaya contigo!

No hay quién mis trazas reporte
cuando las he menester.
¡Por Dios, que he de revolver
de esta vez toda la corte!

(Vase y sale doña Blanca.)

Blanca   Si cuando dejé el bosque no dejara
en él la libertad que estimo y quiero,
y de la rama de un roble grosero
con un retrato el alma do colgara,
 no pongo duda yo que me agradara
la corte, el rey, el noble, el caballero;
que en el palacio rico y lisonjero
la caza y primer vida sepultara.
 Mas —¡ay!— que aquel retrato me ha robado
cuanto gusto tenía y dame enojos,
sin él, la corte, el rey y su estado.
 Atéla a un roble duro por despojos;
mas, ¿qué me sirvió dejarle atado
si está dentro las niñas de mis ojos?

(Sale Ricote.)

Ricote   Sabe Dios, a lo que entiendo,
que la forastera dama
a quien hermana el rey llama
es la que hallamos durmiendo.
 Extrañas quimeras trato
si esto es verdad, pero aquí
está sola. Es ella, sí,
que ahorcado dejó el retrato.
 Y fue sin duda señal
que quien colgaba el traslado

supo estaba sentenciado
[a] ahorcar el original.

(Échale.)   Quiérole echar en el suelo
y esconderé[me] después,
y cuando pase a sus pies,
que le vuelva [a] hallar recelo.
    De verle así de repente
declarará en breve rato
si ama al dueño del retrato
o no. Traza es excelente.

Blanca   Extrañas melancolías
me ha causado el ver la corte
para que el contento acorte.
Decid, locas fantasías,
    ¿qué esperanza es la que entabla
el amor que conserváis?
Mis pensamientos, ¿amáis
acaso más de una tabla?
    ¿Solo amáis una pintura?
Olvidadla un poco; pues
ésta es la corte que es
de memorias sepultura.
    Sepultad la vuestra un rato;
que no hay quien la resucite;
pues para que no os incite,
ahorcado dejé el retrato.
    No vendrá. Pierde el recelo;
que bien atado quedó.
Mas, ¿qué es lo que miro yo?
¿No es éste que está en el suelo?

Ricote (Aparte.)   (Con aquesto a mi señor
le doy libertad doblada.

iOh, qué buena maquinada
le he dado al maquín Amor!
    Ya vio el retrato. Creerá
que ha venido por el viento
por arte de encantamiento.
¡Oigan! ¡Qué elevada está!)

Blanca   ¡Válgame el cielo! ¿Qué veo?
¿No es la imagen a quien di
las llaves del alma? Sí.
Mas, ¿si me burla el deseo?
    ¿Podrá ser que [pasó acá]
lo que adora el pensamiento?
¿Suele retratar el viento
si la empresa al caso va?
    Imagen, ¿por qué me asombras
o sombra conmigo vas?
Un cuerpo tengo, no más.
No puede tener dos sombras.
    ¿Por qué solo te han dejado?
¿No tienes dueño? ¿Qué es de él?
O es bárbaro o es cruel.
Mas, ¿sabes lo que he pensado?
    Que adrede aquí te dejó
quien mis desvelos concierta
como muchacho a la puerta
para que te críe yo.
    ¡Qué lástima que me has hecho!
De suerte me has de obligar
que te tengo de criar
como a niño y darte el pecho.
    Otra vez te le di yo,
cuando en el bosque te vi;
mas apenas te le di

65

cuando otro te destetó.

   Aunque eres grande, sospecho,
para comida tan blanda;
porque [a] niño que tanto anda,
necedad es darle el pecho.

Ricote   ¡Válgate el diablo el retrato!
Escondióte alguna bruja;
pues aunque fueras aguja
te hallara. ¡Qué mentecato
   soy! Siempre sola la bota
tengo cuidado en guardar;
que siempre tengo de andar
con la faltriquera rota.
   Mas, ¿qué me canso en buscar
si soy bestia desdichada?
En mi vida perdí nada
que la volviese a cobrar.

Blanca (Aparte.)   (Un hombre busca en el suelo
no sé qué.)

Ricote   ¡Qué; así perdiese
el retrato!

Blanca (Aparte.)   (Mas si fuese
de aquéste el retrato —¡cielo!—
   sería fácil conocer
su querido original.)
Ricote   ¡Qué desdichado animal!
¡Las barbas he de perder
   una vez yo! ¡Voto a...!

Blanca   ¡Hola!

¿Qué buscáis?

Ricote   Lo que no hallo.
Para jumento o caballo
me falta solo la cola.
   ¡Oh, infelice!

Blanca   ¿Qué buscáis?

Ricote   Al diablo. Un retrato busco,
y buscándolo me ofusco.
Pero vos lo preguntáis,
   señora. Perdón os pido;
que no miré quién me hablaba
con el enojo que estaba.

Blanca   Pues, ¿cómo aquí habéis perdido
dentro [en] palacio el retrato?

Ricote   Entré para dar un pliego
de importancia aquí a don Diego,
y en solo un momento y rato
   que estuve, [yo] le perdí.

Blanca   ¿Y cuyo era? ¡Por mi cuidado!

Ricote   Persona es, bien conocida.

Blanca   ¿Conocida aquí?

Ricote   No aquí.

Blanca   Pues, ¿dónde?

Ricote	En su natural.
Blanca	¿Quién es?
Ricote	Un hombre encubierto que por temor de ser muerto anda así.
Blanca	¿Y es principal?
Ricote	Tan principal como vos.
Blanca	¿Cómo yo?
Ricote	¡Cómo vos, pues!
Blanca	¿Y no me diréis quién es?
Ricote	Muy bien lo hiciera, por Dios. Dijo que andar [al recato] le importa la vida.
Blanca	¿Así? Pues, si me decís a mí quién es [os] daré el retrato.
Ricote	Mas... No, nada.
Blanca	Yo os prometo de dárosle.
Ricote	¿Callaréislo?
Blanca	Callarélo [si diréislo],

con un inmortal secreto.

Ricote

Pues, yo os daré noticia,
aunque ser mudo me dijo.
Del rey don García es hijo.

Blanca

¿Del rey?

Ricote

Del rey de Galicia.
Don Alfonso, el rey tu hermano,
traza verle despojado
del reino que le ha quitado,
no sé si como tirano.
   Le tiene preso de suerte
que el verle causa dolor,
y al príncipe, mi señor,
busca para darle muerte;
   que como a Galicia hereda,
le quiere quitar la vida
porque el reino no le pida
ni moverle guerra pueda.
   Él fue quien durmiendo os vio,
y a quien sentisteis dormida.
Por defender vuestra vida
de una fiera que os salió
   a daros muerte cruel,
le fue el ausentarse grato
dejándoos allí el retrato
y toda su vida en él
   y en pago del pecho noble
con que a la fiera mató.
Vuelto a buscaros halló
su imagen colgada a un roble.
   Hasta Burgos ha venido

por vos con peligro cierto
y por no ser descubierto
nunca a hablaros se ha atrevido.

　　Aunque lo aflige el dolor
y pena de no saber
si le habéis de aborrecer
o estimar su firme amor.

　　Teme que con pecho ingrato
premiáis el amor que os digo,
y en pena de su castigo
le ahorcasteis el retrato.

　　Este temor y recelo
le da pena tan cruel
que para sacarle de él
yo eché el retrato en el suelo.

　　Pues su original os ama
no hagáis que su bien se acorte
si asiste más en la corte
peligra su vida y fama.

　　Esta noche ha de robaros
por el jardín del palacio
consideradlo de espacio
y podréis determinaros.

　　No puedo aguardar respuesta
porque mi señor me aguarda;
si el terror os acobarda
amor el camino apresta.

(Vase.)

Blanca　　　　　　　Espérate, aguarda, escucha.
Fuése. ¿Qué haré? Que el temor,
honra, venganza y amor
andan en confusa lucha.

Si me voy quedo sin fama,
si se va quedo sin vida,
es forzosa su partida
y es insufrible mi llama.
    ¿Iréme? No; que es deshonra.
Pues, ¿he de morirme aquí
sin verle jamás? No. Sí.
Viva amor; mas viva mi honra.
    Cualquier cosa me convence;
ya el deseo, ya el honor;
pero puede más amor.
Iréme. Viva quien vence.

(Vase. Salen don Gonzalo y dos guardas.)

Guarda I   El rey quien sois ha sabido,
                            Suleimán de Badajoz,
                            y aunque el delito es atroz
                            la vida os ha concedido.
                                Dice que aunque de otra ley,
                            se os tendrá siempre el decoro
                            en su corte que al rey moro,
                            Jarife.

Gonzalo   ¿Qué moro rey?
                            La persona habéis errado.
                            ¿A quién el rey os mandó
                            decir eso? Porque yo
                            soy cristiano bautizado,
                                errados venís.

Guarda II   Señor,
                            en balde disimuláis.
                            Ya sé que quién sois negáis,

persuadido del temor
 que a vuestro padre tenéis,
creyendo que en su poder
el rey os ha de poner;
mas, porque os alegréis
 de aquese peligro vano,
os promete nuestro rey
que como toméis la ley
de Cristo y seáis cristiano,
 os dará bastante gente
para cobrar vuestra tierra
y hacer a Jarife guerra.

Gonzalo (Aparte.) (¿No es la maraña excelente?
 Ahora bien quiero admitirlo;
pues, en que moro han dado
o es sueño o está encantado
el mundo si no es Trujillo.)

(Sale Ricote.)

Ricote (Aparte.)   (Aquí los guardas están.
Mi amor estará espantado
de ver lo que he marañado.)
¡Oh, mi señor Suleimán,
 guárdate Mahoma, amén!
Al rey he dicho tu nombre
y quién eres. No te asombre;
que yo miro por tu bien
 y era grande necedad,
y en mí culpa conocida,
que te quitasen la vida
por no decir la verdad.

Gonzalo (Aparte.)   (Ricote anda por aquí.
Ya no hay porque me alborote.)
¿Qué enredo es éste, Ricote?

Ricote   Tu moro Zaquizamí
soy. Basta el disimular,
y ven a besar la mano
del rey; mas no seas cristiano
que es lo que te he de rogar
porque, si dejas la ley
de Mahoma, desde hoy
al rey tu padre me voy.
Esto quiere Alfonso el rey.
Sé buen moro.

Gonzalo   Ya no puedo
disimular; mas fingí
mi estado porque temí
mi deshonra; mas, pues quedo
seguro y en libertad,
al rey invencible iré
y los pies le besaré
por su liberalidad.
Que soy Suleimán confieso.
Si al contrario de esto dije,
fue por temor que a Jarife
no me enviase el rey, preso.

Guarda I   Pues, infante, ya no estáis
preso. El rey os quiere ver,
y por extenso saber
si en esto os determináis
de ser cristiano.

Gonzalo	De espacio
	en todo lo miraré,
	y en mi propio traje iré
	de mañana a su palacio.
	  Decidle que las prisiones,
	que me quitan este puesto,
	me las ha en el alma puesto
	en tantas obligaciones.
	  Y que, aunque el cuerpo confiesa
	librarse de estas paredes,
	entre sus largas mercedes
	mi libertad queda presa.

Ricote	Bien se traza.
Guarda II	Pues, nosotros nos vamos.
Guarda I	De aquí adelante nos mandad, famoso infante.

(Vanse.)

Gonzalo	Alá vaya con vosotros. Mi Ulises encantador, dame aquesos fieles brazos.
Ricote	Dejémonos de lampazos y huyamos de aquí, señor.
Gonzalo	La vida te debo, amigo.
Ricote	Otra maraña hay urdida, que querrás más que la vida.

Gonzalo	¿Más que la vida?
Ricote	Sí, digo.
Gonzalo	¿Qué cosa hay que más importe?
Ricote	Yo te lo contaré agora; que la ninfa cazadora que adoras está en la corte.
Gonzalo	¿Aquí en Burgos?
Ricote	Aquí.
Gonzalo	Calla. ¿La dormida?
Ricote	La dormida, y está por tu amor manida.
Gonzalo	¿Por mí? ¡Jesús!
Ricote	¡Santa Olalla! Por ti, pues, y la has de hablar esta noche, aunque es hermana del rey, por una ventana y aun la tienes de robar antes de una hora.
Gonzalo	¿De una hora?
Ricote	De una hora, pues.

Gonzalo	¿Cómo? Di.
Ricote	¿No serán las doce?
Gonzalo	Sí.
Ricote	Pues ven y sabráslo agora. Ven, y sabrás la maraña que tengo de nuevo urdida.
Gonzalo	Deudor te soy de la vida. No hay tal lacayo en España.
Ricote	Soy, al menos, tu Ricote.
Gonzalo	Vamos, que no tienes par.
Ricote	A fe, que se ha de acordar Burgos y el rey de Ricote.

(Vanse y sale doña Blanca a una ventana.)

Blanca	Noche, por ser oscura, a amor propicia,
	si acaso tus estrellas hechas ojos
	vieren que un hombre roba mis despojos,
	de aqueste yerro calla su justicia.
	    Cintia divina, así de la avaricia
	de tu esposo Plutón y sus enojos,
	libren los cielos tus cabellos rojos,
	que calles si me roba el de Galicia.
	    Paredes altas, no digáis las quejas
	que me hace dar el ciego amor que encierro
	si acaso tenéis lengua como orejas.
	    Jardín, si de tus flores me destierro,

no lo digáis a nadie. Duras rejas,
callad mis yerros, pues que [yo] soy hierro.

(Salen don Gonzalo y Ricote como de noche.)

Ricote
Aquesto le dije al fin,
y sin aguardar respuesta
me partí. La puerta es ésta.
Ésta es la cerca y jardín.
   Aquesta reja imagino
que cae a su propia cuadra,
[................... -adra]
El cielo te abra el camino
   para gozar a tu dama
y si no, ¡alto de aquí!

Gonzalo
¿Ella no me quiere?

Ricote
Sí.

Gonzalo
Pues si de veras me ama,
   no será el miedo o temor
bastantes a detenella
que por todo esto atropella
cuando es necesario Amor.
   Tira una piedra, Ricote.

Ricote
Adiós ya. Ventura va.
Una peladilla piedra
como la que da Torote.
   ¡Ah, de la reja! ¿Sois vos
la infanta, señora?

Blanca
Sí;
mas no, pues no vuelvo en mí.

Ricote	Aquí venimos los dos,
	el príncipe y el criado.
Gonzalo	¿Qué príncipe?
Ricote	¿Quiés callar?
	Que venimos a llevar
	respuesta de aquel recado.
Gonzalo	Enredador, ¿de qué rey
	me has hecho hijo de nuevo?
Ricote	Del de Galicia, y me atrevo
	a hacerte nieto de un rey.
	Calla y sirve estos potages;
	que así tu amor se remedia
	haciendo en esta comedia
	diferentes personajes,
	y habla si has de roballa.
Gonzalo	Es de manera el temor
	que tiene a vuestro rigor
	mi lengua, que tiembla y calla.
	Solo sé decir que es cierta
	mi nueva ventura y vida
	si como rendís dormida
	admitís mi amor despierta.
	Y que si a mi fe leal
	pagáis con desdén ingrato,
	lo que hicisteis del retrato
	haréis del original.
	Que de estas rejas colgado,
	siendo verdugo el cordel,

de una Anajarte cruel
seré un Ifis desdichado.

Blanca   Aunque me impide el amor
y me ataja la vergüenza
a esforzarme ya comienza,
príncipe, vuestro valor.
     Mi pecho os estima y ama;
la voluntad está ciega
que mucho entregue su fama
a quien el alma le entrega.
     Con solo veros recibo
contento y gusto doblado;
que si enamoráis pintado
en vos idolatro vivo.
     Vuestra soy, negarlo es vano,
y pues es cierto mi amor,
mi fama, mi ser y honor
está puesta en vuestra mano.

Ricote   Dejemos los cumplimientos,
y pues hay lugar agora,
bajad primero, señora,
que se sepan mis intentos.
     Porque está de nuestra vida
la muerte pared en medio.

Gonzalo   Al fin es ya sin remedio
sin vos es muerte la vida.
     O venid o me matad,
o quedad, señora, a Dios.

Blanca   Mal podrá vivir sin vos
quien os dio la voluntad.

                    Perdone el mundo tirano
                    que lo contrario dispone
                    el rey, mi hermano. Perdone
                    que lo que aquí pierdo, gano.
                       [................ -enda]
                    en ir, principe, con vos.

Ricote   Por el hombre, dijo Dios,
                     su padre, madre y hacienda
                       dejar tiene la mujer.

Blanca   Que os he de seguir al fin.

Ricote   La puerta está del jardín
                     abierta, no hay que temer.
                       Con la punta de la daga
                     arranqué la cerradura.

Blanca   Ya bajo.

Gonzalo   Dio a mi ventura,
                     Amor niño, justa paga.

Blanca   Ya estoy en vuestro poder.

Gonzalo   Y yo en la gloria mayor
                     que me pudo dar amor.

Ricote   ¡Ofreceos a Lucifer!
                       Dejaos de aquesos requiebros
                     y salgamos de palacio.
                     Os los diréis más despacio;
                     que entre tomillos y enebros
                       [.................... -oso]

Gonzalo   Dadme aquesa blanca mano,
                 mi doña Blanca, pues gano
                 tal dicha en ser vuestro esposo.

Blanca   Esta palma os da la palma
                 de mi ya rendida fe,
                 pues es justicia que os dé
                 la mano quien os da el alma;
                    mas aunque la mano ofrezco,
                 estoy algo temerosa
                 no estorbe el ser vuestra esposa
                 vuestro deudo y parentesco.
                    Sois hijo de don García,
                 rey de Galicia, mi hermano,
                 y temo daros la mano.

Ricote   ¡Buen temor por vida mía!
                    Para que no te alborote
                 agora ese impedimento,
                 en aquese casamiento
                 o[s] dispensará Ricote.
                    Vamos de aquí.

(Salen el Rey don Alfonso, disfrazado como de noche y don Diego Ordóñez delante.)

Rey   Soy rey mozo
                 y así, don Diego, confieso
                 que soy, aunque rey, travieso.

Ricote   ¡Nuestro gozo está en el pozo!
                    No habéis querido salir
                 de este lugar en una hora

hasta que ha venido agora
quien nos hará descubrir.
    Señor, ¿qué habemos de hacer?
¡No más si el cielo me escapa
de este peligro.

Gonzalo   Mi capa,
sé, Ricote defender
    cuánto y más a quien adoro.

Ricote   Mira por tu vida pues,
que no nos valdrá después
fingirte gitano o moro
    para librarte de muerte.

Rey   Vive hacia aquí una mujer
que lo es de un mercader
y es su belleza de suerte
    que cual Elena es hermosa,
y cual Penélope casta.
Ni mi poder la contrasta
ni mi persuasión la acosa,
    y de suerte me aficiona
que al mercader le daría
por tan bella mercancía
no sé si cetro y corona.

Diego   No creyera jamás yo,
señor, que en el mundo hubiera
Penélope que dijera
a medio sí, de un rey, no.
    El intento de ésta es claro,
pues como tu amor entiende
si por Lucrecia se venda

es por vender siempre caro.
¿Cómo se llama?

Rey   Belisa.

Diego   Volvámonos a palacio
que si la olvidas de espacio
ella te rogará a prisa.
          Ellas las lecciones dan.

Rey   Rondarla quiero; que es ley
que quien no sirve por rey,
sirva al menos de galán.

Blanca   ¡El rey es, mi hermano! ¡Ay, cielo!
¿Qué he de hacer?

Gonzalo   No hayas temor;
que yo os guardaré.

Diego   Señor,
que suena gente recelo.

Rey   Dices verdad. Allí están
hablando no sé qué gente.
Quiero ver si soy valiente
una vez, que soy galán.
          ¡Ah, caballeros!

Gonzalo   ¿Quién llama?

Rey   Quien en aquesta ocasión
pretende saber quién son.

Ricote	Son dos hombres y una dama.
Rey	¿Dama?
Ricote	Dama y cortesana.
Gonzalo	¿Quieres callar?
Ricote	No, por Dios.
Rey	¿Quién es ella, quién los dos?
Ricote	Ella del rey es hermana.
Rey	¿Del rey?
Diego	¡Lindo disparate!
Gonzalo	¿Qué es lo que dices Ricote?
Rey	¿Y ellos, quién son?
Ricote	Don Quijote, y yo soy don Alpargate.
Rey	¡Por Dios, que se fisgan de [mí]! Digan, ¿quién es?
Gonzalo	Un hombre.
Rey	¿Cómo se llama?

(Echan mano.)

Gonzalo	El Sin Nombre.
Rey	¿Sin Nombre se llama?
Gonzalo	Sí.
Rey	Pues, quien aun nombre no tiene,
	no es bien que lleve mujer.
	O la dama ha de perder
	o la vida.
Gonzalo	A prueba [viene].
Diego	¡Dos son! ¡Bien puedo ayudarte!
Gonzalo	El que Sin Nombre se llama
	sabe defender su dama.
Diego	Luz viene por esta parte.
Gonzalo	Pues huyes, miedo me cobras.
Rey	¡Por Dios, que es valiente el hombre!
	Aunque dice que es Sin Nombre,
	no diremos que es sin obras.

(Vanse el Rey y don Diego.)

Ricote	Ya se han retirado. [Vamos].
	¿No alabas mi habilidad?
	Hoy con la misma verdad
	al rey, tu hermano, burlamos.
	¿Qué te parece el valor
	de tu esposo?

Blanca	Que le dan
	por valiente y por galán
	el premio Marte y Amor.
	A Alcides su fuerza igualo.
Ricote	Un don Gonzalo te quiere,
	que al que agraviar te quisiere,
	le dará un pasagonzalo.

Fin de la segunda jornada

Jornada tercera

(Salen el Rey don Alfonso con una carta en la mano, don Diego Ordóñez, y Suleimán, moro.)

Diego   ¡Engaño notable ha sido!

Rey   Muy bien burlado nos han.
Seáis, infante, bien venido.
¡Qué el nombre de Suleimán
libró a un Suleimán fingido!
   Cobré notable afición
a aquel mancebo encubierto,
y sentí en el corazón
ver a la esposa del muerto
pedirme satisfacción.
   Mucho me hubiera pesado
si muerte le hubiera dado;
mas mejor mi engaño fue,
pues mi justicia está en pie
él con vida y yo burlado.
   Dejando esto, digo, infante,
que estaréis en esta tierra
seguro de aquí adelante,
sin que el enojo y la guerra
de vuestro padre os espante.
   Vivid sin ningún temor.

Suleimán   Prospere Alá tu favor
y el cielo tu fama abone.

Rey   Al que en mi poder se pone
es justo hacerle favor.
   Escríbeme, pues, aquí

el alcaide de Trujillo
que el rey Hazén Baabdalí
ha puesto cerco a un castillo
que está [a] dos leguas de allí,
    y que sentido de ver
que no os ponga en su poder,
ni admita sus parias, jura
que toda la Extremadura
le tiene de obedecer.
    Pregona con mil blasones
que en llegando a nuestros riscos
trocarán sus escuadrones
en estandartes moriscos
las cruces de mis pendones.
    Yo tengo de ir en persona
a ver con paso veloz
el esfuerzo que pregona,
y si al rey de Badajoz
le viene bien mi corona.

Suleimán   Si vas, señor, de esa suerte,
mi padre harás que se asombre
y huya su campo con verte,
pues solamente tu nombre
basta para darle muerte.

(Sale Ricardo.)

Ricardo   Inclito rey, gran mal hay en tu casa;
gran daño aquesta noche ha sucedido.
¡Muriera yo primero!

Rey   Pues, ¿qué pasa?

Ricardo	Para tantas desdichas he venido, ipluguiera a Dios que en [una] edad escasa a los brazos del ama...
Rey	¿Qué ha habido?
Ricardo	Tu hermana, doña Blanca...
Diego	¿Qué es?
Ricardo	Que un lobo doméstico la lleva.
Rey	¡Triste robo! ¿No se sabe quién es quien la ha robado?
Ricardo	Solo se dice que en la noche oscura por un postigo en tu jardín cerrado, arrancando su flaca cerradura, se fue, no sé con quién. Yo la he criado. Yo la causa de esta desventura debo de ser; que es árbol la belleza que desde tierna [edad] tuerce o endereza.
Rey	¡Vive el cielo, don Diego, que el que ha sido autor de aqueste robo fue aquel hombre que anoche, con esfuerzo nunca oído, de mí se resistió negando el nombre!
Diego	A Burgos otra vez Ulises vino.
Rey	Él mismo confesó, porque te asombre, que era mi hermana la mujer cubierta que hizo mi pena y mi deshonra cierta.

Diego	Con la misma verdad nos ha engañado.
Rey	El Sin Nombre se llama de do advierto que es éste el mismo a muerte condenado por quien mi guarda y capitán fue muerto.
Diego	No en balde tantas veces ha negado su nombre. El Suleimán es encubierto.
Rey	Dos veces me engañó; mas en su daño ha de surtir este segundo engaño. Ya la afición que le cobré revoco. Parte, Ricardo, y haz despachar luego postas diversas tras de aqueste loco. ¡Ah, vil mujer!
Diego	Estoy de pena ciego.
Rey	Anoche fue el delito, y en tan poco no puede estar muy lejos. Vos, don Diego, buscad a este Paris disfrazado que a Elena, vuestra esposa, os ha robado.
Diego	Yo iré; mas, ¿cómo he de ir de pena ciego? ¡Ah, tesoro soñado, flor marchita! Contento en sombra, cera puesta al fuego, Sol que eclipsa su luz por ser finita, hacienda por el mar, dinero en fuego, palabra griega, ley de infame Scita, copos y vidrios de tesoros llenos, y esperanza en mujer que dura menos.

(Vase.)

Rey	Vamos a prevenir para la guerra,
	infante Suleimán, lo conveniente;
	que aunque la pena que en mi pecho encierra
	es mucha, no por eso negligente
	tengo de ser en defender mi tierra.
	Preso Hazén Baabdalí verá mi gente,
	y los blasones que conmigo gana.

| Suleimán | Vencerás su arrogancia. |

| Rey | ¡Ah, loca hermana! |

(Vanse. Salen Baabdalí, rey de Badajoz, Benzoraique y Fatimán, infantes, y un soldado cristiano y otros moros.)

Baabdalí	Hanse muy bien defendido;
	mas [el] hambre los asalta
	y como el socorro falta
	sé quien dar a partido,
	y aunque s[i] mis escuadrones
	piden el asalto fiero,
	dejarles las vidas quiero
	si con estas condiciones
	quisieren darme el castillo
	y que todos los soldados,
	saliendo en orden y armados,
	se pueden ir a Trujillo
	con sus escuadras armadas,
	al son de cajas marchando
	por mi ejército y llevando
	las banderas levantadas;
	y que nadie los ofenda
	mientras en mi campo estén;
	y que el castillo me den

con las armas y la hacienda
   fuera de las personales,
que se les doy por partido
y en señal de estar rendido
a mis moriscas señales.
   Cuando a mi presencia lleguen
sus haces, cada soldado
quite la espada del lado
y desnuda me la entreguen.
   Y si no, daré el asalto
y la muerte a todos hoy.

Soldado   Con esa respuesta voy;
                 mas será de seso falto
                    y de vida afeminada
                 quien tomare ese consejo,
                 y yo dejaré el pellejo
                 antes que deje la espada.

(Vase.)

Baabdalí   Matad [a] aquese hablador.

Fatimán   Huyendo se fue.

Benzoraique   ¡Qué extraña
                 es la arrogancia de España!

Baabdalí   Vea Alfonso mi valor;
                    que si me da el de Sevilla
                 socorro en esta ocasión,
                 sobre el laurel de León
                 me coronará Castilla;
                    que si a Trujillo me acerco

y como pienso lo allano,
aunque le pese al cristiano,
pondré sobre Burgos cerco,
    y sus vecinos sabrán,
viendo sus fuerzas perdidas,
que han de costarle sus vidas
la que tiene Suleimán.

(Sale un Moro.)

Moro   Ya el cristiano ha concedido
la propuesta condición
y salen.

Baabdalí   Buena ocasión
la Fortuna me ha ofrecido.

(Salen don Sancho, don Ramiro, el soldado y otros con bandera y marchando
y llegan al Rey, desnudan las espadas. dánselas sin volverlas el rey.)

Baabdalí   Eres tú el bravo, el Roldán,
que trujiste la embajada
pues, ¿cómo rindes la espada?

Soldado   Mándalo mi capitán,
    y doyla de mala gana
por no perderle el decoro;
que para tu campo todo
basta el nombre de Orellana.

Baabdalí   Tú, ¿quién eres?

Sancho   Heredero
del alcaide castellano,

soy don Sancho Altamirano.

Baabdalí   Basta. Desnuda el acero.

Sancho   ¡Ah, cielo ingrato! Toma.
                ¡Qué esto haga un caballero!
                ¡Qué un hombre rinda el acero!

Baabdalí   ¡Bravo talle, por Mahoma!
                   ¿Eres tú alcaide?

Ramiro   Sí,
                y el que aunque con tal vejez,
                rinde [por] primera vez
                la espada al contrario.

Baabdalí   Dí,
                   ¿no será ignorante el rey
                que, teniendo desarmado
                a su enemigo, fiado
                solo en su palabra y ley,
                   las armas le vuelve a dar
                para volverle a ofender,
                y pudiéndole prender,
                libre le mande soltar?
                   ¿Quién duda que será así?
                Luego imprudente fuera
                si las espadas os diera
                volviéndolas contra mí.
                   Sed vosotros mismos jueces,
                y llamadme fementido;
                que habiendo una vez vencido,
                os quiera vencer dos veces.
                   Aunque estáis de enojo llenos,

94

yo sé que echáis bien de ver
que es gran cordura tener
de los contrarios los menos.
    Vayan presos al castillo;
que mientras en él están,
poco daño nos harán
en el cerco de Trujillo.

Ramiro
    ¡Ah, cruel! ¿Tu pensamiento
tan viles traiciones labra?
¿Dónde está tu real palabra?

Baabdalí
La palabra solo es viento.
    ¿Quién hay que los vientos guarde?
¡Llevadlos presos de aquí!

Ramiro
La palabra es viento en ti;
que es palabra de cobarde.

Baabdalí
    ¡Prendedlos!

Ramiro
            Esta prisión
nuestro esfuerzo hace patente,
pues no nos prende tu gente
sino solo tu traición.
    Con estos cabellos canos
la flaca vejez me asalta;
que si no, no hiciera falta
la espada teniendo manos;
    que ya sabe don Ramiro...

Baabdalí
¡Llevad ese loco viejo!

Soldado
¡Ah, mal logrado consejo,

que ya su provecho miro!
    ¿Un hombre ha de dar la espada?
La vida ha de dar primero.
Moro, vuélveme el acero
y salgan a la estacada
    toda tu gente africana,
que aunque me ves desarmado
con solo el puño cerrado
mata moros Orellana.

Baabdalí   ¡Llevad aquese arrogante;
(Llévanlos todos.)   que me enojan sus extremos,
y dentro el castillo entremos.
Pondré defensa bastante
    que al rey Alfonso resista
si le intentare cercar,
porque quiero comenzar
de Trujillo la conquista,
    y si cual pienso la acabo,
a Castilla marcharé
y el orgullo amansaré
del rey don Alfonso el Bravo.

(Vanse y salen don Gonzalo y doña Blanca.)

Gonzalo   Ésta es la comarca y tierra
de mi patria natural,
do el conde de Portugal
hace al moro cruda guerra.
    En ella me ha parecido
que le sirvamos los dos
disfrazándoos, mi bien, vos,
con el varonil vestido;
    que estando vos encubierta,

aunque Alfonso envía después,
las nuevas al Portugués
y vuestro robo le advierta,
   y aunque yo, como soldado
en público y libre ande,
y el conde buscarme mande
en su tierra con cuidado,
   el poco conocimiento
que en Burgos de mí ha tenido,
me hará no ser conocido.
Éste, señora, es mi intento.
   Cerca Portugal está
pues que Dios nos ha librado
del rey, vuestro hermano airado,
que tantas promesas da
   a quien nos hallare espero
que nos librará adelante,
mi doña Blanca constante,
en los trabajos acero.
   Vuestro pesar se reporte;
que por no ser descubiertos
por montañas y desiertos
de noche desde la corte
   hasta aquí habemos llegado
comiendo tosco sustento.
Perdonad mi atrevimiento
que siendo un pobre soldado
   a engañaros me atreví.
Hombre soy de pocas prendas
si son las prendas haciendas,
pero con valor nací,
   que [es] todo el caudal de un hombre,
tal que no me da codicia
ser príncipe de Galicia

aunque le usurpé su nombre.
No quiero otra vez volver
a relataros mi vida,
que estaréis arrepentida
de veros en tal poder.
Solo os pido...

Blanca   Esposo, cesa;
que en verte tratarme así
sospecho que has visto en mí
algún desdén o flaqueza.
Déjate de persuadirme
pues ves que el alma te doy,
que por ser tu esposa estoy
tan lejos de arrepentirme
que a cos[t]a de tu valor
menos quisiera que fueras;
pues cuanto menos valieras,
más se mostrara mi amor.
Si a tu pintura y retrato,
con ser una tabla muerta,
abrió el corazón la puerta
tocando el alma a rebato,
y con tenerle presente,
halló el alma su ganancia,
¿qué harás tú, que eres sustancia
de aquel pintado excelente?
¿Qué trabajo, don Gonzalo,
yendo contigo me asalta?
¿Qué vida y gusto me falta?
¿Qué soledad no es regalo?
¿Qué corte hay que más importe
que a tenerte amor por ley?
¿No eres de mi gusto el rey?

Donde está el rey, ¿no es la corte?
    Pues si corte al campo haces,
la corte en seguirte sigo.
Pues tengo mi amor conmigo,
hoy en hombre me disfraces.
    Hoy cual mujer me nombres,
que si cual mujer te amé,
en la constancia seré
ejemplo para los hombres.
    Mi mal contigo disipo,
mi bien, no te desconsueles.

Gonzalo   Píntete tablas Apeles,
lábrete estatuas Lisipo.
    La Fama al mundo publique
tus inmortales ejemplos,
y el mundo altares y templos
a tu constancia dedique;
    que yo en pago de quererte
sola un alma puedo darte,
tan rica por adorarte
cuan pobre de merecerte.
    Sirva la florida alfombra
de cama a vuestro descanso
mientras que el céfiro manso
rinda el sitio de esta sombra.
    Ricote fue, disfrazado,
poniendo a riesgo su vida,
por el sustento y comida
que niega este despoblado.
    Y yo, en vuestro bellos brazos,
soñando sueños suaves,
envidiado de las aves,
y a las veces con sus lazos...

(Échase.)

Blanca

> Dormid, que el alma que vela
> en el amor que adquirís
> entretanto que dormís
> os hará la centinela;
>   que para mirar si viene
> quien os da durmiendo enojos,
> pediré a las hojas ojos
> que todo este campo tiene.

Gonzalo

> Eso no. Dormíos, mi bien,
> que el imitaros me agrada;
> que yo sé que estáis cansada.

Blanca

> Sí, estoy.

Gonzalo

> Y os dormís también.

Blanca

> Vivo yo con vuestra vida,
> y así, esposo, es cosa cierta
> que si os imito despierta,
> os he de imitar dormida.

(Duermen y salen Baabdalí, Benzoraique y Fatimán, moros.)

Baabdalí

> ¡Por Mahoma! ¡Qué son los de Trujillo
> valientes por extremo, y que el combate
> resistieron con ánimos de leones!

Fatimán

> No me espanto; que fue el primer asalto.

Baabdalí

> Ellos desmayarán si Alfonso tarda

	a socorrerlos aunque tengo aviso
	que viene aprisa a levantar el cerco.
	Vamos, hijos, que ya dejo en el campo
	centinelas y puestos repartidos,
	y quiero en el castillo poner orden;
	que nunca fío del cuidado ajeno
	sucesos de la guerra de importancia.

Benzoraique   Eres Rómulo en guerra y en paz Numa.

Baabdalí   Quiero fortalecer este castillo,
limpiar el foso, reparar los muros
porque sin duda Alfonso ha de cercarlos.
Porque levante el cerco a socorrerle,
pienso hacerlo.

Benzoraique   Es gran cosa
esta fortaleza que está a dos leguas
de [s]us alojamientos, y en él puedes
proseguir este cerco comenzado,
estando en él como en tu propia casa.

Fatimán   Escucha, Benzoraique, y habla paso;
que una mujer y en su regazo un hombre
durmiendo están debajo aquella encina.

Baabdalí   Desarmadle y atadle aquesas manos.

Fatimán   Date, cristiano.

(Átanle.)

Gonzalo   Ya, mi bien, te he dado
la libertad y el alma; mas ¿qué es esto?

¡Oh, perros, cual Sansón me habéis atado,
durmiendo en brazos de hermosa Dalila!
Aunque es leal si la otra fue traidora.
¡Cobardes, tres venís, para [uno] solo!
¡Durmiendo atáis los brazos!

(Despierta.)

Blanca   ¡Ay, cielos! Dulce esposo, ¡y qué mal sueño
soñaba yo! Mas, ¡ay, que ya es cumplido!
Moros, dadme a mi esposo o esa espada;
que amor me dará fuerzas con que pueda
librarle y daros muerte.

Baabdalí   ¿Esposo suyo?
¿Eres cristiana? De celos muero.
Cautiv[a] te llevarán [al] castillo
que ves delante. ¡Si el amor que tengo
[a] aqueste ángel cristiano no me diera
celos de verte cerca de quien amo!
¡Qué aunque preso, si allá vas me darás celos!
Atadle, hijos, a esa encina dura
pero no le matéis; que no es posible

(Átanle.)   pueda morir el que durmiendo estuvo
en brazos que los muertos resucita.
Y vamos al castillo; que más precio
esta belleza que el León de Alfonso,
y los castillos de sus armas reales
que tengo de ganar.

Gonzalo   ¡Perros! ¡Cobardes!

¿Así me atáis? ¿Qué es de mis fuerzas, cielos?
Mas, ¡ay, que soy Sansón y hanme faltado!

¿Cómo vivos os vais? ¿Cómo no os matan
los rayos que del pecho ardiendo arrojo?
Mi doña Blanca bella, mi señora,
tus brazos por los duros de esta encina
trocarme han hecho. ¡Desdichado trueco!

Blanca
  ¡Ay, dulce esposo! Yo me daré muerte
si este pesar me deja con la vida.

Baabdalí
Vamos, que cuando sepas que te amo,
amansarás; que un rey amansa mucho.
Casaréme contigo si me quieres
y haré que reines en España, esposa.
¡En todo el mundo, en el cielo mismo
aunque le quite el cielo al gran Mahoma!

(Vanse y dejan atado a don Gonzalo.)

Gonzalo
  Amor un ángel me dio
después de sucesos tantos
en guarda de mis contentos
y en premio de mis trabajos.
Como absoluto señor
dentro en mi pecho se ha entrado
a pedirme cuenta de él.
¿Qué haré, que me le han robado?
¿Qué diré, que no hay excusa?
Llamando está.

Voz
     ¡Ah, don Gonzalo!

Gonzalo
¿Quién da voces allá dentro?

Voz
Yo el Amor.

Gonzalo	Ya voy temblando. ¿Qué mandas, gigante niño?
Voz	¿Dónde la infanta has dejado que por esposa te di? ¿Qué le has hecho, esposo ingrato?
Gonzalo	Dormíme, Amor, y tus moros, cuando me dormí, llegaron y atándome a aquesta encina la luz del Sol me robaron.
Voz	¡Oh, amante indigno de serlo! Quien tiene amor, ¿no es un Argos que cual vigilante lince tiene de dormir velando? ¿Guardando la fortaleza, ha de dormirse el soldado? ¿Dormirse tiene el piloto cuando hay borrasca y cosarios? ¡Prendedle, castigos crueles! ¡Dadle tormentos, agravios! ¡Martirizadle, sospechas! ¡Rabias, matadle rabiando! Y para que se avergüence de verse a una encina atado, a la vergüenza le saque su arrepentimiento tardo. Infámela su memoria, verdugo de desdichados, por las calles de los bienes que por su causa cesaron.

| Gonzalo | Ya me avergüenzan y azotan. |
| | ¡Paso, Amor! ¡Vergüenza, paso! |

Voz	No hay paso. Matadle y diga
	el pregón en gritos altos:
	«Así castiga Amor a un desdichado,
	que por dormir su esposa le han robado.
	Grave es la culpa. Denle pena grave.»

| Gonzalo | ¡Ay, cielos! ¡Quién tal hace que tal pague! |

(Sale Ricote disfrazado de villano con unas alforjas y una bota.)

Ricote	A no buscar el sustento
	con el pastoral capote,
	ya hubiera dado Ricote
	cabriolas en el viento.
	Aquí me había de aguardar
	don Gonzalo; que por señas
	estos robles y estas peñas
	certifican el lugar.
	Pero, ¿qué es aquesto? ¡Cielos!
	Señor, ¿Quién te ha puesto así?

| Gonzalo | ¡Huye, Ricote, de aquí! |

| Ricote | ¿Nunca han de faltarnos duelos? |

Gonzalo	Huye de este fiero trance;
	que los moros han venido,
	y tras mi campo han salido
	y prosiguen el alcance.
	¡Huye, Ricote!

Ricote   En que has dado
de loco me das sospechas.

Gonzalo   Apártate, que traen flechas
los moros que me han atado.
    ¡Huye, que te matarán!

Ricote   ¡Flechas! ¿Dónde? ¿Estás en ti?
¿Qué moros o flechas? Di.
¿Eres tú San Sebastián?
    Dime, ¿quién es quien te ha atado?
¿Qué es de la infanta, señor?

Gonzalo   Pregúntaselo al Amor
que [también] me ha azotado.

Ricote   ¿Azotado? ¿Qué quimeras
son ésas? Di, ¿quién te ató?

Gonzalo   Amor, que me avergonzó
y quiere echarme a galeras.

Ricote   ¡Cielos! ¿Hay tan gran mudanza?

Gonzalo   A galeras voy, ¡paciencia!

Ricote   ¿A qué galeras?

Gonzalo   De ausencia
donde tema la esperanza.

(Desátale.)

Ricote   Don Gonzalo, señor mío,

hagan tus quimeras pausa.
Vuelve en ti. Dime la causa
de este nuevo desvarío.
    Mira que me causas pena.
¿Qué es de la infanta?

Gonzalo   ¡Ay, amigo!
Durmiendo estaba conmigo
y tragóla una ballena.
    Ella ha sido mi cuchillo.

Ricote   De verte sin seso lloro.

Gonzalo   ¿No ves que es ballena el moro?
El buche es aquel castillo.
    Allí está la esposa mía.
Gozarla allí el moro ordena
porque es su dicha ballena
y mi desdicha vacía.
    Durmiendo me la robó;
mas, pues me faltan escalas,
pediré a los cielos alas.

Ricote   ¿Para qué, viviendo yo?
    Si te libré de la muerte
y por mi causa adquiriste
la infanta que así perdiste,
vuelve en ti. ¡Qué vivo, advierte!
    Y quien [por] la vez primera
te la supo granjear,
te la volverá a cobrar
esta vez, y mil si hubiera.

Gonzalo   Pues la carroza de Apolo

y sus rayos pisarás
como me pongas no más
en aquel castillo solo
   donde mi esposa está presa.
Ricote, ¿no lo harás?

Ricote   Sí.

Gonzalo   Dame esos pies.

Ricote   Vuelve en ti.

Gonzalo   [Y] cuenta con la promesa.

Ricote   [.................... -illa]
Escucha y te la diré.

(Sale un Moro.)

Moro   Para caminar a pie
hasta aquí desde Sevilla,
   no he tardado mucho. Aquí,
conforme me han informado
los que a Trujillo han cercado,
he de hallar a Baabdalí.
   De albricias dará un tesoro
cuando sepa qué es, sin duda.
[........................ -uda]

Gonzalo   ¡Ricote, Ricote, un moro!

Moro   ¡Ésta sí es comida buena!
Si me quieres sustentar,
de estas liebres me has de dar

a la comida y la cena.

(Agárrale.)

Gonzalo   Agora es razón que coma.
Dame a doña Blanca.

Moro   ¿Quién?

Gonzalo   Mi esposa, perro, mi bien.

Moro   ¡Ay, que me mata! ¡Mahoma!

Gonzalo   Dame mi esposa, villano,
o el alma muriendo arranca.
Perro, dame a doña Blanca.

Moro   ¿Qué doña Blanca, cristiano?

Gonzalo   Mi esposa. Hasla de volver
o te he de matar a coces.

Moro   Mira que no me conoces.
Si quién soy quieres saber,
déjame y sabráslo.

Gonzalo   Di.

Moro   Del rey de Sevilla soy
un correo que a dar voy
nuevas al rey Baabdalí
de que apreste armas y gente
con que venir en persona
para darle la corona

de Castilla brevemente
   y quitarla a Alfonso el sexto.
En estas cartas le escribe
el socorro que apercibe.
Agora llegué a este puesto
   sin saber qué infanta es ésa
o qué diablo para mí.

Ricote
Dale la muerte, que así
te cumplirá la promesa.
   Pues le trujo [aquí] su suerte,
quédese aquí encastillado.

Gonzalo
Ya yo me tengo cuidado,
Ricote, de darle muerte.

(Dale.)

Moro
            ¡Ay, que me has muerto, enemigo!

Gonzalo
Así mi rabia se doma.

Moro
   ¡Ay, conmigo sea Mahoma!

Gonzalo
Y doña Blanca conmigo.
   Ya murió. [Harémosle] luego,
Ricote, lo prometido.

Ricote
Como cobres el sentido
y vuelvas en tu sosiego,
   vamos; que llevarte quiero
a donde vengues tu ultraje;
que vestido en este traje
y haciéndome mensajero

del moro rey andaluz,
conmigo te llevaré,
y cuando el Sol claro dé
en los antípodas luz,
   a tu esposa libraremos,
sacándola del castillo
de noche por un portillo
que los dos en él sabemos.
   Si el rey a la infanta hablare
delante de ti, callar;
que si te has de alborotar
cuando a tus ojos llegare,
   lo pondrás todo de lodo.

Gonzalo   En seguirte estoy resuelto.
                         En esperanzas me has vuelto
                         el deseo, la vida y todo.

Ricote   Ten, pues, este cuerpo vil.
                         Quitaréle este vestido
                         y verásme convertido
                         en un moro lacayil.

Gonzalo   Vamos, pues, restaurador
                         de mi seso y libertad.

Ricote   Verás con la autoridad
                         que me finjo embajador.

(Vanse y salen el Rey don Alfonso, Ricardo, Suleimán y soldados.)

Rey   Di que hagan alto.

Ricardo   ¡Hagan alto!

111

Rey	¿Cuánto está de aquí Trujillo?
Ricardo	Desde este ribazo alto podrás, señor, descubrillo y verás dar el asalto.
Rey	¿Es posible que hasta aquí hayamos llegado así, sin que nos haya impedido el paso ni haya sentido mi venida Baabdalí? Su descuido me ha espantado.

Suleimán	Ha sido tal la presteza
	con que la gente ha juntado
	del ejército tu alteza,
	y con tal prisa ha marchado
	   que aun a mí, que estoy presente,
	se me hace dueño aparente
	el verte que en medio mes
	formes un campo y estés
	en Trujillo con tu gente.
	   Creerá mi padre que estás
	con prevenciones astutas
	[................... -ás]
	y que agora las condutas
	a tus capitanes das,
	   y así, señor, persuadido
	que de Burgos no has salido
	ni saldrás en muchos días,
	no envía postas ni espías.

Rey	Buena mi presteza ha sido.

No se disculpa con eso
el moro, viendo que el peso
de la guerra y su esperanza
por una leve tardanza
suele tener mal suceso.

Supuesto que esté Trujillo
hoy de soldados cercado,
y que el morisco caudillo
vive alegre y descuidado,
porque ha ganado un castillo.

De su descuido me quiero
aprovechar, porque espero
con un suceso gallardo
que lo que él pierde por tardo
he de ganar por ligero.

Baabdalí piensa que lejos
de su alojamiento asisto
y que buscando aparejos
de guerra, en Burgos, alisto
de espacio soldados viejos.

Conforme aquesto aunque cerca
de Trujillo y de su cerca,
cause su ejército espanto
siendo su descuido tanto,
me parece si se acerca

mi campo sin ser sentido
cuando Febo transparente
que esté en el mar escondido,
y doy sobre él de repente
que está desapercibido,

sin dificultad ninguna
verá a sus pies la Fortuna,
muerto y preso el campo moro,
y eclipsar mis cruces de oro

la plata vil de su Luna.
¿Qué te parece, Ricardo?

Ricardo   Que eres rey [y capitán]
sabio, valiente y gallardo.

Rey   ¿Qué os parece, Suleimán?

Suleimán   Que con fe y ardid aguardo
ser rey mañana por ti.

Rey   ¡Sabrás quién es, Baabdalí,
Alfonso el rey de León,
cuando llegue la ocasión!
A mis tropas advertí;
que con silencio prudente,
sin batir el ronco parche
que al cobarde hace valiente
a Trujillo el campo marche.

Ricardo   Marche a Trujillo la gente.

(Vanse. Salen Ricote y don Gonzalo, de moros, y Baabdalí y otros moros.)

Baabdalí   ¿Cuánto habrá que saliste de Sevilla?

Ricote   Señor, el mismo día de la fecha
que yo no sé cuál es, ni quién me mete
en cuentos ni dibujos.

Baabdalí   ¿Qué tenía el rey cuando [tú] partiste,
que me escribe que quedaba indispuesto?

Ricote   Sabañones, que le han puesto las manos

114

como sapos.

Gonzalo   ¿Qué dices?

Ricote   ¿Qué quieres que se diga?
Por tu ocasión me he puesto a emboque y cabe
de acabar hoy con la vida.

Baabdalí   En Sevilla
que es tierra tan caliente que con África
confina, ¿puede darle sabañones?

Ricote   Así lo afirman, gran señor, los médicos,
porque ha nevado mucho aqueste invierno;
mas a mi cuenta lo que tiene es sarna
porque se rasca mucho.

Gonzalo   ¿Hay tal dislate?
¿Qué dices, mentecato? ¿Rey con sarna?

Ricote   Pues, ¿no puede haber un rey sarnoso?

Baabdalí   Al fin, ¿casó ya Almanzor, [rey] de Córdoba,
con la hija del rey?

Ricote   Hubo gran fiesta.

Baabdalí   ¿Quién jugó cañas?

Ricote (Aparte.)   (¿Quién? ¡Por vida mía
con el morazo! ¡Perro interrogante!
¿Qué tengo de decir? Aquí me coge
y me manda empalar.)

Baabdalí	¿Quién jugó cañas?
Ricote (Aparte.)	Fue para mí, señor, día de purga... (Y aún agora lo es) ... el de la boda, y soy poco curioso y no lo supe.
Baabdalí	El príncipe de Fez y Marruecos, ¿estáse en Sevilla?
Ricote	Aún no se ha ido.
Baabdalí	Dicen que es muy valiente.
Ricote	Es un San Jorge.
Gonzalo	¿[No] quieres callar?
Ricote	Pues, ¿no hay San Jorges moros?
Baabdalí	¿Quién dices que es?
Ricote	San Jorge los cristianos llaman al que es valiente y a su modo llamarle yo San Jorge también quiero.
Baabdalí	Al fin, ¿qué dentro de cuarenta días el mismo rey vendrá con campo armado para darme socorro?
Ricote	Así se suena.
Baabdalí	Es Sevilla muy grande, muy hermosa; sus edificios son muy celebrados. Dime los más notables que hay en ella.

Ricote (Aparte.) (En buena me he metido.) Hay en Sevilla...

Gonzalo (Aparte.) (Él dirá disparates infinitos;
que nunca estuvo en ella. Más seguro
es ahorrar de palabras y a las obras
remitir este enredo. Mas, ¿qué es esto?)

(Salen riñendo Fatimán y Benzoraique con doña Blanca.)

Fatimán No ha de haber resistencia. Será mía
o perderé el respeto al gran Mahoma.
Téngola de gozar, aunque sobre ello
mate a mi padre; que mío es todo el mundo.

Baabdalí Yo quiero remediar los desvaríos
de vuestra juventud liviana y loca.
¿No es ésta la cristiana que os hechiza?
Pues, muera, y ése vuestro amor muriendo.

(Saca el alfanje y quiérela dar, y detiénelo don Gonzalo, y echa mano.)

Gonzalo Tente, perro; que viene a defenderla
quien aunque estará Sin Nombre, el de esposo
le da valor para acabar tu vida.
Yo soy a quien atasteis los tres juntos,
durmiendo, que no osáredes despierto.
A libertar mi cara esposa vengo
disfrazado cual veis. Pero, ¿qué aguardo
que no derramo la cobarde sangre
que derramar la de mi esposa quiso?

Baabdalí ¡Estás loco, cristiano! ¡Ayudad, moros!

Fatimán	¿Quién eres, diablo?
Gonzalo	Llámome el Sin Nombre y esta hazaña con mucho nombre y fama me conforme.
Benzoraique	[¡Ayudad], moros, ayudad! Que un infierno junto en su defensa viene.

(Vanse.)

Ricote	Aquí acaba tu vida, vil lacayo. ¿Hay tal locura? ¡Qué contra tantos don Gonzalo solo se atreva! Él morirá y a mí me guisan con el cuzcuz los moros y me comen. ¡Ay, pobre y desdichada doña Blanca! ¡Ya no doy una blanca por tu vida!
Blanca	Si mi esposo la vida agora pierde, con él quiero morir. Adiós, Ricote.
Ricote	Muriendo pagaremos el escote.

(Vanse. Sálense acuchillando don Gonzalo con Benzoraique, y saca las cabezas de Baabdalí y Fatimán.)

Benzoraique	Detén, cristiano, el furor con que ese nombre has ganado de eterna fama y loor. Bastan las muertes que ha dado tu nunca visto valor.

Gonzalo	¿Moro que quiso forzar mi esposa había de vivir para poderse alabar que me quiso competir y del mismo Sol gozar? ¡Muere, perro!
Benzoraique	¿Qué? ¿Mi llanto no te mueva?
Gonzalo	Antes me espanto; que teniendo de hombre el ser, llores, moro, cual mujer.
Benzoraique	¡Qué me matan, Alá santo!

(Vanse. Salen Ricote, de moro, don Sancho y don Ramiro, en cuerpo.)

Ricote	Don Ramiro, señor mío, querido señor don Sancho, ya el alma alegro y ensancho y a tener vida confío; que a tan dichosa ocasión mi ventura me llevase, que sin saberlo os librase de tan áspera prisión. ¿Que allí os tuviese el vil moro! ¡Qué en tal coyuntura os veo! Aquí estáis y aún no lo creo; casi de contento lloro.
Ramiro	Dame esos brazos, Ricote, pues de tu mucha lealtad nació nuestra libertad.

El mundo tu ingenio note.
　¿Quién a tal parte te trujo?
¿Qué enredo es éste? ¿Qué ensayo?

Ricote　　　Soy moro injerto en lacayo.
He dado, señor, en brujo.
　El venir de aquesta suerte
decirte después colijo;
que está a peligro tu hijo.
Librémosle de la muerte
　sin dilación ni intervalo;
que aunque me tardo en decillo,
contra todo ese castillo
solamente es don Gonzalo.
　Pelea por libertar
una infanta que es su esposa.

Sancho　　　¿Infanta?

Ricote　　　　　Infanta.

Sancho　　　　　　¿Hay tal cosa?

Ramiro　　　Vámosle luego a ayudar;
　que mil bienes juntos gano
por tu causa, mi Ricote.

Ricote　　　¡Muera el perrazo galgote!

Ramiro　　　Ven, Sancho, a librar tu hermano.

Ricote　　　　Los moros que don Gonzalo
muertos tiene, os armarán,
y los vivos pagarán

la prisión y el trato malo.

Sancho   Vamos.

Ricote   Y yo os sacaré a luz
con mi traje lacayil
burlándome de aquel vil
Mahoma y de su alcuzcuz.

(Vanse. Sale doña Blanca.)

Blanca   No ha dejado moro a vida
mi valeroso español.
Su carro le ofrezca el Sol
y sobre él el triunfo pida.
    Voy a darle el parabién
de tan hermosa victoria.

(Sale don Gonzalo.)

Gonzalo   Fuera mi dicha notoria
si hallase mi dueño y bien.
    Pudiera hablar, pero temo
que el moro desesperado
la muerte no le haya dado
que es mi desdicha en extremo.
    Y si esto es así, la vida
dio a la muerte puerta franca.

Blanca   ¡Dulce esposo!

Gonzalo   ¡Dulce Blanca!

Blanca   ¡Mi bien!

Gonzalo   ¡Mi esposa querida!

Blanca   Sus verdes hojas y lazos
                     el lauro a sus sienes dé.

Gonzalo   Laurel, mi bien, ¿para qué
                     si me coronan tus brazos?

(Sale Ricote, de moro.)

Ricote   No hay en el castillo moro
                     que herido no forme llantos.
                     Pudiera dar muerte a tantos
                     pero ya llega el que adoro.

(Salen don Ramiro y don Sancho.)

Gonzalo   Dame esos ilustres pies,
                     noble padre, que yo en verte
                     no tengo miedo a la muerte.

Ramiro   Mi Gonzalo, el interés
                       de tu vida dio tal gusto
                     al alma que te retrata,
                     que si el gusto a veces mata,
                     me ha de matar este gusto.

Gonzalo   Don Sancho, dame esos brazos;
                     que eres mi hermano mayor.

Sancho   Mayor ha sido el valor,
                     Gonzalo, con que pedazos
                       los africanos has hecho.

                    Dejemos las mayorías,
                    [..................... -ías]
                    tratarlas ya es sin provecho.

Gonzalo   Llega, padre, y a la infanta
                    habla.

Ramiro   ¿Qué infanta?

Gonzalo   Mi esposa,
                    del rey hermana famosa.

Ramiro   Lo que te escucho me espanta.
                        Dad a mi vejez prolija
                    esos pies, y perdonad.
                    Ignoro mi cortedad.

Blanca   Los brazos os doy de hija.

Ramiro   Han sido mis dichas tantas
                    que casi imposibles son.

Ricote   Don Gonzalo dio en ladrón
                    pues sabe robar infantas.
                        Esto es cierto a toda ley.

Gonzalo   Después la historia sabrás.

(Sale un soldado.)

Soldado   Sal, don Ramiro, y verás
                    que ya viene a verte el rey.
                        Va llegando a tu castillo;
                    que según dijo un soldado,

al moro ha desbaratado
que estaba sobre Trujillo
   y por gozar la victoria
hoy cumplida, viene aquí
en busca de Baabdalí
y de sus hijos.

Gonzalo   La gloria
                 de esta hazaña feneció.

Blanca   Ya alzó Fortuna la mano
                 de mi dicha. El rey mi hermano
                 que mil premios prometió
                    a quien os diese la muerte
                 cumplirá su gusto agora.

Gonzalo   Sosegá un poco, señora,
                 y no lloréis de esa suerte;
                    que ya la industria me ofrece
                 el daño y vuestro pesar,
                 y por podernos librar
                 que nos vamos me parece,
                    mientras sale a recibir
                 mi padre al rey.

Ramiro   ¿Qué temor
                 os alborota?

Gonzalo   Señor,
                 vamos si queréis oír
                    la causa de este alboroto;
                 que de tu prudencia espero
                 remedio.

Ricote	Yo no lo quiero.
	A los pies, señor, me acojo.

Gonzalo	No, Ricote, que yo haré
	como te perdone el rey.

Ricote	El huír a toda ley.

Gonzalo	Espera.

Ricote	¿Cómo podré?
	¡Si ha de llover todo en mí!

Gonzalo	Ven, señora. Padre, advierte
	la historia de aquesta suerte
	y el remedio escucha.

Ramiro	Di.

(Vanse todos y queda Ricote.)

Ricote	Ya no hay enredo, Ricote,
	con que librarte esta vez.
	Hoy me apretarán la nuez
	hasta juntarla al cogote.

(Vase. Salen marchando soldados, el Rey don Alfonso, don Diego Ordóñez y Ricardo.)

Rey	La victoria de esta noche
	cumplido del todo fuera
	a no morir Suleimán
	en la morisca refriega.
	Los moros desbaratados

porque las espadas vuestras,
castellanos y leoneses,
hace[n] hazañas como éstas.
Pero queda Baabdalí
vivo, y vivirá la guerra
mientras vive el principal,
de aqueste cuerpo cabeza.
Él está en este castillo.
Aquí defenderse espera
de vuestro español valor.
Sin gente está ni defensa.
Ya sé que no habéis comido
desde ayer, y que las lenguas
de los mordaces murmuran
porque os traigo con tal priesa
sin sosegar en Trujillo
a ganar aquesta fuerza,
que a matar el moro rey
que defendérseme intenta.
Pero también sé, soldados,
que la española nobleza
cuanto es mayor el trabajo
tanto sus fuerzas renueva.
Siete castillos ganáis.
Si dais la muerte sangrienta
al moro de baja ley,
haréis vuestra fama eterna.
Aquí tiene sus tesoros,
aquí guarda sus riquezas,
si el interés os anima.
Y si el valor os alienta,
arrimad al muro escalas,
fuego poned a sus puertas,
decid, ¡cierra España!, amigos

y, pues, al moro encierra.
Y alcanzada esta victoria,
después, con triunfos y fiestas
gozaréis de sus despojos.
¡Muera el moro!

Todos   ¡Muera, [muera]!

Rey   Detente, don Diego Ordóñez;
amigo Ricardo, espera;
que en señal de paz, el moro
un blanco pendón nos muestra.

Diego   Un cristiano de Castilla
ha abierto, señor, la puerta,
que de otros acompañado
a tu real presencia llega.

(Sale don Ramiro con una fuente y en ella unas llaves e híncase de rodillas.)

Ramiro   Déme los invictos pies,
victorioso rey, su alteza,
y tome la posesión
hoy de aquesta fortaleza.
Su alcaide, que soy yo mismo,
con estas llaves le entrega
libre del vil africano.

Rey   Alza, alcaide, de la tierra,
y dime cómo es aqueso.
¿Aqueste castillo y tierra
no estaba por Baabdalí?

Ramiro   No ha mucho que estaba en ella

con armas y municiones
descuidado que pudiera
un hombre solo vencerle
y echarle, gran señor, fuera.
Yo, Alfonso, soy el alcaide
que en este castillo y fuerza,
Trujillo en tu nombre puso
para tu guarda y defensa.
Don Ramiro Altamirano
es mi nombre, que en las guerras
a la casa de Castilla
serví desde mozo a prueba
de leal y de valiente,
y saliendo con empresas
dignas de mi sangre y nombre
vine a casarme a mi tierra.
Dos hijos me dio mi dicha.
Don Sancho el uno que hereda
como el mayor de mi casa
mi mayorazgo y hacienda.
El menor que fue a servirte
a Burgos y agora espera
de tu magnífica mano
el nombre y mercedes nuevas,
es don Gonzalo, que solo,
entrando en la fortaleza
venció los moros que estaban
para guardar su defensa,
y matando los dos hijos
de Baabdalí, darte intenta,
aunque el moro [es] rey valiente,
su coronado cabeza.
Él está en su seguimiento.
Mientras vuelve con él, entra

en este castillo tuyo.
Verás de su fortaleza
los valerosos efectos,
que no toparás apenas
lugar que de sangre o moros
no esté la tierra cubierta.

Rey

¡Válgame el cielo! ¡Qué huyó
Baabdalí!

Ramiro

       De la refriega,
aunque herido, salió huyendo.

Rey

Por su cabeza te diera
premios de inmensa ganancia.
Yo vine con la presteza,
soldados que habéis visto,
creyendo que feneciera
con su muerte el alboroto
de esta repentina guerra.
Pero, pues, él se ha escapado
y el valor a la destreza
de don Gonzalo, vuestro hijo,
le sigue y aquesta empresa
alcanza, yo premiaré
sus hazañas de manera
que su nombre sea famoso.
Regid esta fortaleza,
valeroso don Ramiro.
¡A Trujillo el campo vuelva,
que aquí no hay alojamiento,
donde todos cobrar puedan
del trabajo recibido
el descanso que desean!

¡Marche el campo!

Ramiro

        Gran señor,
descansar primero intenta
en este castillo tuyo
que [ya] te aguarda.

Rey

        Dos leguas
está Trujillo de aquí.
Allá con triunfos y fiestas
nos aguardan. Marche el campo.

Ricardo

Toma refresco siquiera.

Rey

Si le hubiera para todos,
Ricardo amigo, sí hiciera;
pero nunca el capitán
es bien que descanse y duerma,
y los soldados famosos,
cuando él descansa, padezcan.
Dame solo un vaso de agua.

Ramiro
(Aparte.)

Yo voy, gran señor, por ella.
(Bien mis intentos se trazan.
De esta vez yo haré que sea
don Gonzalo perdonado
de quien el perdón espera.)

(Vase.)

Rey

Ay, don Diego, esta victoria,
¡qué alegre me pareciera
si viendo a mi hermana ingrata
triunfara en Burgos con ella!

130

Que siento con tal extremo
en esta ocasión su ausencia,
que de albricias de su vida
perdón al robador diera.

Diego   Sabe el cielo, gran señor,
el cuidado y diligencia
que he puesto en su busca.

Rey   Él mismo
me la traiga en mi presencia...
mas, ¡válgame Dios! ¿Qué es esto?

(Salen doña Blanca, don Gonzalo y Ricote, cada uno con una fuente y en ella
una cabeza de moro, y don Ramiro con una toalla sobre otra fuente.)

Ramiro   Para que tu alteza beba,
poderoso rey, te traigo
estos platos de conserva.
Mata la sed de venganza
en aquestas tres cabezas,
y cuando sin ella estés
mira que tus plantas besa
doña Blanca, hermana tuya,
y don Gonzalo, que espera
en pago de aquesta hazaña
el perdón de tu clemencia.
El robar a doña Blanca
bastante delito era
[que] aquí mandaras quitarle
de los hombros la cabeza;
pero en pago de ésta suya,
aquestas tres te presenta,
del moro rey y sus hijos.

	Bebe, gran señor, ¿qué esperas?
Rey	Sí. Beberé, que es razón que agua que tan cara cuesta un rey la compre.
Gonzalo	[Besar los pies], gran señor, nos deja.
Rey	Alzad, que ha sido el presente digno de la fortaleza del caballero Sin Nombre.
Gonzalo	Ya será justo le tenga, pues con mano liberal nombre y armas de tu alteza recibo en esta ocasión.
Rey	Vuestras armas desde hoy sean tres cabezas coronadas, en campo azul, porque tenga noticia de aquesta hazaña el mundo todo con verlas, y desde hoy os llamaréis Altamirano y Cabezas. Dadme, hermana, aquesos brazos que escogéis como discreta marido valiente y noble que os ampare y os defienda. Don Ramiro, desde aquí de Trujillo la Tenencia os doy a vos y a don Sancho por su vida y por la vuestra.

Ramiro	Tu vida prospere el cielo.
Rey	Don Gonzalo, a cargo queda de mi corona, pues es mi cuñado. El cargo tenga agora de Adelantado en toda aquesta frontera y Conde de Medellín.
Gonzalo	Déme sus pies, vuestra alteza.
Ricote	Y a Ricote que le trae, señor, esta fuente llena, rellenada de grosura, cabeza, sesos y lengua, ¿qué le das?
Rey	Es tu lealtad digna de que mi largueza te premie. Desde hoy te doy mil maravedís de renta.
Ricote	¡No trae más maravedís un demandador de iglesias! Desde hoy, con tanto dinero, ricos los Ricotes quedan. ¡Mil maravedís! ¡Jesús! Coche he de hacer y litera. Papagayo compro y mona. Voy a contar la moneda.
Rey	A lo menos a Trujillo marche el campo, porque vean a mi doña Blanca todos

y alegren las bodas vuestras.

Gonzalo   El Caballero Sin Nombre
fue don Gonzalo Cabezas.
Ésta es, senado, su historia.
Perdonad las faltas de ella.

Fin de la comedia

Libros a la carta

A la carta es un servicio especializado para

empresas,

librerías,

bibliotecas,

editoriales

y centros de enseñanza;

y permite confeccionar libros que, por su formato y concepción, sirven a los propósitos más específicos de estas instituciones.

Las empresas nos encargan ediciones personalizadas para marketing editorial o para regalos institucionales. Y los interesados solicitan, a título personal, ediciones antiguas, o no disponibles en el mercado; y las acompañan con notas y comentarios críticos.

Las ediciones tienen como apoyo un libro de estilo con todo tipo de referencias sobre los criterios de tratamiento tipográfico aplicados a nuestros libros que puede ser consultado en Linkgua-ediciones.com.

Linkgua edita por encargo diferentes versiones de una misma obra con distintos tratamientos ortotipográficos (actualizaciones de carácter divulgativo de un clásico, o versiones estrictamente fieles a la edición original de referencia).

Este servicio de ediciones a la carta le permitirá, si usted se dedica a la enseñanza, tener una forma de hacer pública su interpretación de un texto y, sobre una versión digitalizada «base», usted podrá introducir interpretaciones del texto fuente. Es un tópico que los profesores denuncien en clase los desmanes de una edición, o vayan comentando errores de interpretación de un texto y esta es una solución útil a esa necesidad del mundo académico.

Asimismo publicamos de manera sistemática, en un mismo catálogo, tesis doctorales y actas de congresos académicos, que son distribuidas a través de nuestra Web.

El servicio de «libros a la carta» funciona de dos formas.

1. Tenemos un fondo de libros digitalizados que usted puede personalizar en tiradas de al menos cinco ejemplares. Estas personalizaciones pueden ser de todo tipo: añadir notas de clase para uso de un grupo de estudiantes, introducir logos corporativos para uso con fines de marketing empresarial, etc. etc.

2. Buscamos libros descatalogados de otras editoriales y los reeditamos en tiradas cortas a petición de un cliente.